KB190503

도망칠 용기

도망칠 용기

와다 히데키 지음
심지애 옮김

한가한오후

시작하며

저는 오랫동안 정신건강의학과 전문의로 일하며 도망 쳐야 할 상황에서 도망치지 못하는 분들이 많다는 사실 에 늘 안타까웠습니다.

저를 만나러 오시는 분들이 지금 처한 상황이 너무 힘 들다고 하면 저는 일단, "도망가세요. 그래야 삽니다"라고 말씀드립니다. 그리고 어떻게 도망칠지 함께 고민합니다.

저에게 상담하러 오시는 분들 중에는 연세가 있는 분 들도 많습니다. 직장이나 육아에서는 벗어났지만, 퇴직 한 남편을 챙기거나 부모님 또는 배우자를 병간호하느 라 심신이 지칠 대로 지친 분들이 꽤 많습니다.

그럴 때 저는 "퇴직한 남편을 꼭 챙겨야 한다는 법은 없습니다. 너무 힘드시면 따로 사는 방법도 있고, 아니면 낮 동안만이라도 집을 떠나 계세요. 그래야 버티실 수 있어요"라고 조언합니다.

병간호도 집에서 하기 힘들면 시설을 이용하라고 적극적으로 권합니다.

그런데 차마 그러지 못하는 분들이 많습니다.

우리 인간은 살아가면서 자기만의 규칙이 생기고, 가치관과 도덕관이 만들어집니다.

아무래도 규칙을 잘 지키고 가치관이 올바를수록 성실하고 반듯한 사람이라는 인상을 주고 나아가 존경을 받기도 합니다.

하지만 결과가 나쁘면 모두 무용지물이 되고 맙니다.

'긴 병에 효자 없다'라는 말이 있습니다.

병에 걸린 부모님이나 배우자를 돌보다 우울증에 걸리거나 몸에 탈이 나는 사람도 있습니다. 한계에 이른 나머지 스스로 생을 마감하는 사람도 적지 않습니다. 이러면 결국 환자도 제대로 간호받지 못하게 됩니다.

병간호로부터 현명하게 도망쳐 몸과 마음이 조금이라

도 편해지면 간호하는 사람, 간호받는 사람 모두 큰 고통을 겪는 일이 일어나지 않을 텐데 말입니다.

'이제 한계야', 아니 그보다 조금 전 단계인 '너무 힘들어'라는 생각이 들기 전에 현명하게 도망치세요.

집단으로 괴롭힘을 당하다 자살했다는 뉴스를 접할 때마다 왜 그런 선택을 할 수밖에 없었는지 안타까울 따름입니다.

괴롭힌 자를 벌하는 것은 어렵지 않습니다. 그러나 괴롭히는 행위 자체를 없애는 것은 거의 불가능에 가깝습니다.

저는 여러분께 도망칠 용기를 드리기 위해 이 책을 썼습니다. 이 책은 《미움받을 용기》로 유명한 오스트리아의 정신의학자 알프레드 아들러(Alfred Adler, 1870~1937)의 이론을 바탕으로 하고 있습니다.

여러분이 이 책을 읽은 뒤 조금이나마 마음이 편해지고 도망칠 수 있는 용기를 얻는다면 저자로서 더할 나위 없이 기쁠 것입니다.

와다 히데키

목차

서장

위험이 감지되면
바로 도망칠 것

◆◆◆

마음이 힘든가요?

몸도 무겁겠네요.

밤에 잘 못 자는군요.

아침에 일어나기도 힘들지요?

그렇다면 지금 당장 이렇게 합시다.

바로 도망치세요.

이것이 제가 이 책을 통해 전하고 싶은 단 하나의 메
시지입니다.

아무리 노력해도 모든 일이 다 잘 풀리지는 않습니다.

나이를 먹을수록 더 그래요.

그러니 매사 잘하려고 너무 애쓰지 마세요.

오늘, 내일, 모레…… 매일같이 쉬지 않고 계속 애쓸 수 있을까요?

출구 없는 터널 안을 하염없이 걷는 듯 막막하지 않나요?

씩씩하게 살아가려면 페이스 조절을 잘해야 합니다.

마라톤도 처음부터 전력으로 달리면 중간에 힘이 빠져 완주하기 어렵지요.

인생도 마찬가지입니다.

"이제 한계야."

"도망치고 싶다."

"벗어나고 싶다."

이 책을 고르신 분들은 대부분 이런 생각을 하고 계시겠지요?

무엇으로부터 도망치고 싶나요?

부모님, 회사, 상사, 친구, 배우자, 병간호, 지병, 지금 하고 있는 일 같은 것들일까요?

나 자신이 한계에 다다른 사실을, 내 몸과 마음은 무의식중에 알고 있을 겁니다.

내 의식 속의 '도망치고 싶다'라는 욕구를, 또 하나의 자아가 '도망치면 안 돼'라며 억누르고 있습니다.

우리는 '나'라는 배가 가라앉고 있는데도 알아차리지 못하고(또는 모르는 척하며) 아직 괜찮다고 합리화하곤 합니다.

하지만 전혀 괜찮지 않습니다.

인간이라면 누구나 위험을 감지하는 능력이 있습니다.
그렇지 않은 사람은 둔한 척 또는 아무렇지 않은 척 연기하고 있을 뿐입니다. 인간이란 모름지기 변화를 싫어하는 종족이니까요.
도망치고 난 뒤가 걱정되는 것이겠지요.

'아직 괜찮다'라는 둥 약한 모습을 보이는 대신 악착같이 사는 사람은 '끈기 있는 사람', '인내심이 강한 사람', '끝까지 해내는 사람', '노력가'라고 인정받습니다.

인간이라면 누구에게나 있는 인정욕구로 인해 남에게 인정받으려고 악착같이 노력합니다.

그런데 이럴 때 더 조심해야 합니다.

내가 기대를 저버리는 행동을 하면 나를 인정해 주던 사람이 적으로 돌아섭니다.

기대감이 분노와 책망으로 바뀌는 겁니다.

이럴 때 도망치려면 엄청나게 큰 용기가 필요합니다.

저는 정신건강의학과 전문의로서 이렇게 말씀드립니다.

괴로우면 참지 말고, 망설이지 말고, 지금 당장 도망치세요.

현재를 유지하려고 마냥 참거나 변화를 일으키지 않다 보면 내 목숨이 위태로워질 수도 있습니다.

가스 유출 탐지기가 없던 시절, 카나리아는 탄광에서 꼭 필요한 존재였습니다. 카나리아는 냄새에 굉장히 민감하여 인체에 해가 없는 극소량의 유독 가스에도 반응

합니다.

　유독 가스를 감지하게 된 카나리아는 목에서 소리가 나오지 않고 기절하거나 목숨을 잃기도 했습니다.

　카나리아의 위험 감지 능력 덕에 수많은 탄광 작업자들이 목숨을 건졌습니다.

　카나리아가 자기 몸을 바쳐 작업자들에게 도망치라고 알려준 것입니다.

　'아직 괜찮다'라며 변화를 일으키지 않고 머뭇거리다 보면 자칫 내 목숨을 잃게 될지도 모릅니다.

　저는 정신건강의학과 전문의로서 늘 궁금한 점이 있습니다.

　"왜 사람들에게 도망치라고 가르치지 않는 것일까?"

　어떤 나라에서는 '후퇴'하는 것을 이렇게 평가합니다.

　쓸데없는 승부에서 굳이 맞서지 않고 피하는 것으로, '용기 있는 위대한 선택'이라고…….

　기꺼이 도망칠 줄 아는 것이 얼마나 중요한지 우리 어른들이 제대로 가르쳐 줬다면 요즘에 일어나고 있는 뼈

아픈 비극들은 줄어들지 않았을까요.

힘든 상황이 있을 때 버티지 말고 도망치라고 가르쳤더라면, 집단 따돌림으로 인한 자살도 상당수 막을 수 있지 않았을까 싶습니다.

학교에서는 '버티지 않아도 괜찮다'라는 사실을 가르쳐주지 않습니다.

아이들이 좋아하는 슈퍼히어로들은 적을 물리치기 위해 '늘' 싸웁니다.

'늘'이란 말이 입버릇이 되면 '난 늘 실패해', '난 늘 투쟁해야 해', '난 늘 이겨내지 못하는 나약하고 쓸모없는 인간이야'라고 스스로 단정 지으며 유연하지 못한 사고방식을 가진 사람이 되고 맙니다.

그리고 자신을 점점 더 '쓸모없는 인간'이라고 여기게 됩니다.

어른들도 '도망치는 기술'을 배우지 못했습니다. 그러니 아이들에게 '도망치는 기술'을 가르치지 못하는 것은 어찌 보면 당연합니다.

하지만 나를 지키기 위하여 '도망치는 기술'은 반드시 배워야 합니다.

인간은 스스로 생각하는 것보다 훨씬 나약한 존재입니다.

'난 괜찮아', '아무렇지 않아'라며 한계에 다다른 것을 애써 외면하고 무리하다 보면, 어느 날 갑자기 마음에 병이 찾아옵니다. 죽고 싶다, 지쳤다, 사라져 버리고 싶다는 생각에 사로잡히고 맙니다.

◆

괴로운 상황에서 벗어나
나답게 살 수 있는 길을 선택하고
내 인생을
마음껏 즐기세요.

살아 있는
사람이 승자

◆ ◆ ◆

과중한 업무와 회사 스트레스로 인한 대기업 직원의
과로사, 악성 민원에 시달리던 공무원의 자살, 거듭된
취업 실패와 생활고로 인한 청년의 자살……, 이제 이런
비극은 없어야 합니다.

일본의 대형 광고대행사 '덴쓰'에서 24세 신입사원이
과로로 자살한 일이 있었습니다. 그녀의 자소서에는 '힘
든 상황에서도 스트레스를 잘 받지 않는 성격'이라고 적
혀 있었습니다.

그녀의 어머니는 수기에 이렇게 썼습니다.

"그때 내가 회사를 관두라고 더 강하게 말했더라면.

제 딸도 제대로 못 살피고 무슨 어미란 말인가. 남은 건 후회뿐이다."

그러나 본인 스스로 난 괜찮다고 믿고 있기(믿고 싶기)에 주변에서 아무리 만류해도 잘 와닿지 않습니다.

이 신입사원의 경우 스스로 SNS에 고민을 털어놓긴 했으나 우리 대부분은 나는 괜찮다고 생각합니다. 대체 왜 그럴까요?

그 원인과 함께 이런 상황에 놓인 사람을 돕는 방법까지 이 책을 통해 짚어보려 합니다.

최근 가정폭력 처벌법이나 직장 내 괴롭힘 방지법과 같은 법이 정비되고, 병간호로 인한 부담을 줄이기 위한 사회적 안전망이 조금씩 마련되었습니다.

그러나 스스로 목소리를 내지 않으면 누구도 "당장 도망치세요"라며 등을 떠밀어 주지 않습니다.

내 몸을 지킬 수 있는 건 결국 나 자신뿐입니다.

부모님도 회사도 국가도, 저 같은 의사도 여러분을 지킬 수 없습니다.

애쓰지 않아도 괜찮습니다.

자신이 왜 도망치지 못하는지를 깨닫는 것이 중요합

니다.

도망치기 위해 용기를 냅시다.

도망치는 기술을 배웁시다.

이 책에서는 위와 같은 내용을 중심으로 정신건강의학과 전문의 입장에서 여러분께 조언하고자 합니다.

제1장에서는 도망치는 것이란 무엇인지를 설명합니다.

제2장에서는 왜 지금 당장 도망쳐야 하는지, 그 이유를 명확히 제시합니다.

제3장에서는 지금껏 그 누구도 가르쳐 주지 않은 도망치는 기술을 전수합니다.

그리고 마지막 장에서는 도망치고 싶은데 미처 도망치지 못하는 사람을 돕는 방법에 대해 말씀드리겠습니다.

살아 있는 사람이 승자입니다.

적어도 살아서 도망치면 수많은 괴로움으로부터 내 몸을 지킬 수 있습니다.

도망치면 편해집니다.

'편하게 살면 안 돼', '열심히 살아야 해' 이런 고정관념에서 벗어나세요.

편하게 살아도 괜찮습니다. 편한 인생은 즐겁기만 합니다.

괴로운 상황에서 벗어나 나답게 살 수 있는 길을 선택하고 내 인생을 마음껏 즐기세요.

여러분이 이 책을 통해 '도망'이라는 선택지가 있다는 사실을 깨닫고, 도망칠 수 없다는 고정관념에서 벗어나기를 진심으로 바랍니다.

제1장

'도망치는 것'이란

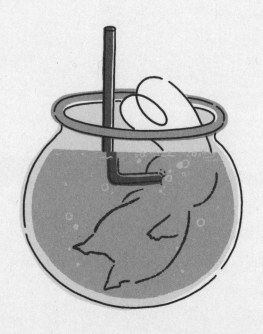

열심히 산다는 사실을
왜 스스로 모를까

◆◆◆

무아지경으로 열심히 살고 있으면서 스스로 그렇다는 사실을 깨닫지 못하는 사람이 상당히 많습니다.

저희 클리닉에 상담하러 오시는 분들께 의사들은 이렇게 말씀드립니다.

"너무 애쓰지 마세요."

"이미 너무 열심히 사셔서 심신이 지치셨어요. 나사를 하나만 풀어보면 어떨까요?"

"의식적으로 힘을 빼려고 노력해 보세요."

"무조건 끝까지 해야 한다는 법은 없습니다. 힘들면 당장 때려치워도 괜찮아요. 스스로 족쇄를 채우지 마세요."

"괴로운 상황에서 지금 당장 도망치세요. 도망칠 때 필요한 건 단 한 가지. 바로 약간의 용기입니다."

"애쓰지 않기로 마음먹는 것도 용기가 있어야 가능하답니다. 때로는 내려놓는 용기도 필요해요."

"목숨보다 중요한 건 이 세상에 없습니다. 살아 있다면 그것만으로 승자가 되는 것입니다. 나를 지킬 수 있는 건 그 누구도 아닌 나 자신입니다."

저도 환자분들께 위와 같이 조언합니다.

제가 할 수 있는 일은 환자분들께 '도망치는 계기'를 만들어 드리는 것입니다.

'도망'이라는 선택지가 있다는 사실을 알려드리는 것입니다.

환자분들은 '도망'이라는 선택지가 있다고 말씀드리면,

"네? 열심히 안 살아도 괜찮아요?"

"진짜 도망쳐도 돼요?"라고 놀랍니다.

지금까지 그 누구도 '도망'이라는 선택지가 있다는 사실을 가르쳐주지 않았기에 놀라는 것이 당연합니다.

한계에 왔는데도 불구하고 아직 더 달릴 수 있다고 생각하는 분들이 많습니다.

이미 엔진오일이 다 떨어진 상태에서 계속 달리다간 머지않아 엔진 자체가 불타버릴 것입니다.

◆

도망은 환경 자체를 바꿔야 하기에
용기가 필요한 행동이지만,
굉장히 긍정적인 선택지라는
사실을 기억해 주세요.

도망치는 것은
긍정적인 전략

◆◆◆

'도망'이라는 말 자체에 부정적인 이미지를 가진 분들
이 대부분일 것입니다.

도망치는 사람은 '낙오자', '패배자', '겁쟁이', '졸보',
'무능력자', '이기주의자', '근성 부족', '노력 부족', '참을
성 부족', '책임 회피'……라며 비난받습니다.

'훨씬 힘든 상황에서 더 열심히 사는 사람도 있는데'
라며 비교당하기도 합니다.

요즘 시대에서는 정신건강(마음의 건강)에 어떠한 문제
가 있거나 매사 감정적으로 반응하며 자기긍정감이 낮
아 쉽게 우울해지는 사람을 '멘헤라(멘탈 헬스가 좋지 않아

보이는 사람이라는 뜻의 일본의 신조어-옮긴이)', '유리 멘탈'이
라고 부릅니다.

이들 용어는 스스로에게는 자학하는 의미로, 다른 사
람에게도 가벼운 느낌으로 반 장난같이 사용하는 표현
입니다.
그러나 가벼운 느낌으로 끝나지 않을 때도 있습니다.

제가 여러분에게 전하고 싶은 '도망치는 것'의 원래
의미는 다음과 같은 말로 바꿔볼 수 있습니다.

도망치는 것이란-
내게 맞는 환경(나답게 있을 수 있는 환경)으로 옮겨가는 것

도망치는 것이란-
내 마음을 정리하는 시간을 가지는 것

도망치는 것이란-
내 몸을 싫은 상대로부터 보호하는 것

도망치는 것이란-

싫은 상대에게 다가가지 않는 것

도망치는 것이란-

내 목숨을 지키기 위해 상대와 거리를 두는 것

도망치는 것이란-

전략을 다시 짜기 위해 용기를 내어 한발 물러서는 것

즉, 너무 힘들다면 지금 처한 환경이나 상황이 나에게 맞지 않는 것뿐입니다.

상대가 여러분을 공격해 온다면 맞서 싸우지 말고 도망치세요.

생물에게는 각자에게 적합한 서식지가 존재합니다. 물이 없는 곳에서 물고기는 생존할 수 없습니다. 물고기는 육지로 올라오면 금방 숨이 멎습니다.

인간도 마찬가지입니다. 나에게 맞는 환경에서 살아

야 합니다.

애초에 사람을 하나의 개체로 생각하면, 사람에 따라 서식하기 좋은 환경은 분명 다릅니다. 그런데 인간은 자신에게 딱 맞는 환경이 아니더라도 나름대로 그것을 참아가며 살아갈 수 있기 때문에 오히려 문제가 됩니다.

만약 '이곳은 나와 도저히 맞지 않는다' 싶으면 맞는 환경을 찾아 옮겨가세요.

그렇지 않으면 육지로 올라간 물고기처럼 숨이 멎어버릴 수 있으니까요.

나의 소중한 목숨을 지키기 위해서라도 사는 게 괴롭다면, 지금 당장 괴롭지 않을 환경으로 옮깁시다.

도망은 환경 자체를 바꿔야 하기에 용기가 필요한 행동이지만, 굉장히 긍정적인 선택지라는 사실을 기억해주세요.

'지금 처한 상황이 괴롭다면 용기를 내어 당장 도망치세요.'

'애쓰지 않기로 마음먹는 것도 용기가 있어야 가능하답니다. 때로는 내려놓는 용기도 필요해요.'

지금까지 살면서 당신에게 '도망치세요'라며 누군가가 응원해 준 적이 있었나요?

아직 없다면 제가 여러분께 기운을 북돋아 드리겠습니다.

도망치는 것은 매우 긍정적인 선택입니다.

◆

24시간 동안 모든 것이
괜찮을 거라고 생각하며
편안하게 휴식하는 시간을 가지세요.
스트레스와 걱정에서 도망쳐요.
그리고 무슨 일이 일어나는지 지켜보세요.

도망치는 것은
무엇일까

◆◆◆

도망은 위험을 피하는 행위입니다.

자유롭지 않거나 위험한 곳에서 벗어나 내 몸을 보호하는 것입니다.

성가신 일, 꺼림직한 일, 괴로운 일, 위험한 일로부터 적극적으로, 의식적으로 멀어지는 것입니다.

안심할 수 있는 안전한 곳으로 스스로 이동하여 위험에 직면하는 것을 피하는 바람직한 행위입니다.

살아가는 데 있어 굉장히 중요한 행위가 아닌가요?

산악인이나 소방관 등 재해가 발생할 수 있는 위험한 환경에서 일하는 사람들은, 내 목숨을 지키기 위해서 순

식간에 위험을 감지해 피하는 것이 얼마나 중요한 것인지를 배웁니다.

경제적 손실보다 생명이 먼저입니다. 이 세상에 목숨보다 귀한 것은 없습니다.

'하인리히 법칙(Heinrich's Law)'이라는 통계적 법칙이 있습니다.

산업 재해 발생 비율에 따르면, 중대한 사고 1건이 발생하기 전에 이미 29건의 경미한 사고와 300건의 무상해 사고가 발생한 것으로 분석되었습니다.

지금까지 여러분은 얼마나 많은 무상해 사고를 경험했을까요.

이 말은 어물쩍 넘어간 무상해 사고가 결국 걷잡을 수 없는 중대한 사고로 이어진다는 사실을 시사합니다.

사람은 위험이 닥치면 불안이나 공포를 느끼고, 그 환경에 적응하기 위해 우리 몸에서는 다양한 반응들이 일어납니다.

바로 자율신경 중 교감신경이 우위에 서면서 혈압 상승, 발한, 목마름, 두근거림, 숨참, 어깨결림, 나른함과 같은 증상이 나타납니다. 이들 증상은 모두 자기방어를 위해 일어나는 정상적인 스트레스 반응입니다.

강한 스트레스를 받았을 때 우리 인간에게는 이러한 신체적 증상이 나타납니다.

초기 우울증을 앓는 사람은 불안하거나 우울하다는 정신적 불편함보다도 피곤하다, 나른하다, 잠을 못 자겠다, 식욕이 없다 등 신체적인 증상을 호소하는 경우가 많습니다.

◆

우리가 급하게 달려가고 있는 곳이
죽음이라는 것을 깨닫는다면,
우리는 삶에서
여유를 가지려고 할 것입니다.

적응장애는
아닐까

◆◆◆

몸이 무겁고 학교나 회사에 가기 싫다.

밤에 잠이 잘 오지 않고 아침에 일어나기 힘들다.

……이렇게 일상생활에 지장이 생긴 상태를 적응장애 또는 스트레스성 장애라고 합니다.

다음 표에 적힌 증상이 벌써 나타나진 않았는지 확인해 볼까요?

해당하는 항목이 많다면 지금 처한 환경에 적응을 못한 상태로도 볼 수 있습니다.

신체적 증상

	잠을 잘 못 잠
	과잉 수면(자도 자도 졸림)
	통증(두통, 어깨결림, 위통, 복통 등) ※1
	두근거림
	현기증
	식욕 저하
	과식
	과식으로 인한 구토
	스트레스성 위염
	몸이 나른함(권태감)

정신적 증상

	의욕과 집중력 저하
	주의력 산만
	불안감
	우울감
	늘 긴장한 상태
	초조함
	절망감
	짜증
	신경과민
	답답함
	눈물이 많아짐
	흥미와 즐거움 상실
	부정적 사고방식 ※2
	자책하는 사고방식 ※3

일상생활 및 사회생활에서 나타나는 증상

	지각, 결근, 조퇴
	등교 거부
	업무 수행이 어려움
	과음, 도박
	배우자와의 불화
	과소비
	사람 만나기가 꺼려짐

◆

행복의 비결은
더 많은 것을 추구하는 게 아니라
덜 원하는 것입니다.

사회에 이용당하고 있는
자책하는 사고방식

◆◆◆

앞 장에 등장한 항목을 조금 더 자세히 살펴보겠습니다.

※1 '통증'은 참을수록 점점 심해집니다. 통증을 방치하면 만성화되어 과민 상태에 이르고 난치병으로까지 발전하기도 합니다. 치료받아도 낫지 않는 병을 만들어버리는 셈입니다.

통증이 기억으로 남으면 통증의 원인을 제거해도 여전히 통증을 느끼게 됩니다. 따라서 통증은 절대 참으면 안 됩니다.

※2 '부정적 사고방식'이란 '어차피 실패할 거야', '난

쓸모없는 인간이야'라며 나쁜 쪽으로만 생각하는 방식입니다. 완벽주의적 성향이 강한 사람들에게서 자주 보이는 사고방식입니다.

그러나 인지 치료에서는 부정적인 사고방식을 억지로 긍정적인 사고방식으로 바꾸려 하지 않습니다. 부정적인 부분은 그대로 둔 채 다른 가능성을 고민합니다.

※3 '자책하는 사고방식'이란 어떤 문제가 발생했을 때, 무조건 남이 아닌 자신에게 잘못이 있다고 생각하는 방식입니다.

자책하는 사고방식을 가진 사람은 주로 성실하고 꼼꼼하며 완벽주의적 성향과 부정적 사고를 지니고 있습니다. 또한 자기긍정감은 낮지만 실수를 반성하고 개선하기 위해 노력하는 특징들을 보입니다. 매사에 주인 의식을 가지고 적극적으로 참여하며, 지적받으면 그대로 받아들이는 유연성과 성장 의욕도 지니고 있습니다.

비즈니스 세계에서는 자책하는 사고방식이 좋게 평가받는 일이 많습니다.

과연 자책하는 사고방식은 바람직할까요?

자책하는 경향이 강한 사람은 실수를 저지르면 '똑같

은 실수를 반복하지 않도록 조심하자', '실수하지 않는 방법을 생각해 보자'라며 노력합니다.

그런 노력을 통해 성장하는 기회를 얻게 되는데, 너무 과하게 매달리다 보면 되레 스트레스로 작용합니다.

일이 생각대로 풀리지 않을 때마다 그 원인을 스스로에게서 찾기에 정신적으로 궁지에 몰립니다. 자신에 대한 평가가 매우 박한 사람은 정신이 쉽게 피로해지고 스트레스를 잘 받습니다.

자책하는 사고방식의 단점은 스트레스를 많이 받고 매사 자기완결적으로 생각하는 점입니다. 자신이 모든 책임을 떠안고 매사 혼자 대처해야 한다고 생각하는 '자기완결형' 인간은 다른 사람에게 보고하거나 상의하는 것이 어려운 유형으로, 주변 사람에게 쉽게 의지하지 못합니다.

이런 사람은 다음과 같은 특징을 보이는데 보통 똑똑하면서 고집이 셉니다.

• 머리가 좋음(학벌이나 성적이 좋음)
• 자기 의견에 자신이 있음
• 남에게 상의하지 않음

- 자기중심적
- 고집이 셈
- 지금까지 많은 문제를 스스로 해결해 옴
- 남의 말에 귀를 기울이지 않음
- 남에게 의지하지 않음 / 의지하지 못함
- 마음대로 해석하거나 독단적으로 행동함

자기완결형 인간은 타고난 성격도 영향을 미치지만 남을 믿지 못한다는 공통된 특징이 있습니다.

이런 유형의 사람들은 다른 사람을 믿고 일을 맡기기보다는 스스로 하는 편이 효율과 능률이 높다고 생각합니다. 자신의 방식이나 생각에 대해 다른 사람들로부터 지적받거나 간섭당하는 것을 싫어하기 때문입니다.

이런 사람들은 아랫사람에게 갑자기 일을 휙 던져버리고는, 영문을 몰라 갈팡질팡하고 있으면 머리가 나쁘다는 둥, 일을 못 한다는 둥 제멋대로 판단하기 때문에 엮이기 싫은 타입입니다.

이런 공격적인 말과 행동의 밑바탕에는 콤플렉스가 자리 잡고 있습니다. 머리가 나쁘다는 말은 본인이 이 세상에서 가장 듣기 싫은 말일 것입니다.

반면에 남의 탓으로 돌리는 사람은 주인 의식이 부족하여, 내 탓도 아니고 본인과는 상관없는 일이라 여기기 때문에 스트레스를 잘 받지 않는다는 장점이 있습니다.

　주변 상황을 살피며 객관적으로 판단하여 자신은 잘못한 게 없다는 자기합리화에 능합니다.

　남 탓하는 모습이 곱게 보이진 않겠지만, 남 탓도 할 줄 알아야 내가 덜 피곤합니다. 어느 한쪽으로 치우치지 말고 균형을 잘 잡으면 좋겠습니다.

◆

적응장애, 불안장애를 피하려면
'힘든 일에서 도망칠 줄 알아야 한다'는 것을
꼭 알아야 합니다.

스트레스 요인에서 벗어나야
증상이 개선된다

◆◆◆

미국정신의학회가 발간한 정신질환의 진단 및 통계
편람(Diagnostic and Statistical Manual of Mental Disorders,
DsM-5)에 따르면, 앞서 41~43쪽에서 제시한 '신체적 증
상', '정신적 증상', '일상생활 및 사회생활에서 나타나는
증상'은 스트레스원(stressor)이 생겨나고 3개월 안에 발
현된다고 합니다.

예를 들어, 4월부터 다니기 시작한 회사의 환경이 맞
지 않으면 7월 전에 증상이 나타난다는 이야기입니다.

하지만 스트레스 요인에서 벗어나면(물리적으로 멀어지
면) 6개월 안으로 증상이 개선됩니다.

만약 다음과 같은 상태에 빠진다면 위험하다는 신호

입니다.

'스트레스 요인에서 멀어졌음에도 불구하고 마음이
개운하지 않다.'

'뭘 해도 즐겁지 않다.'

스트레스 요인으로 작용한 사건, 사람, 환경에서 벗어
나지 않으면 증상이 개선되기 어렵습니다.

불편한 대상으로부터 현명하게 도망쳐 내가 잘하는
일을 묵묵히 하다 보면 일 잘하는 사람이라는 평가를 받
을 수도 있습니다.

불편한 대상에서 벗어나지 못하면 적응장애는 나아지
지 않습니다. 오히려 더 나빠지고 지속됩니다.

증상의 종류나 심한 정도에 따라 다음과 같이 진단합
니다.

우울장애

우울감을 잘 느끼는 사람들이 있습니다.

이런 유형의 사람들은 지나치게 성실하고 완벽주의
성향이 강해서 자신에게 매우 엄격하고 매사에 철두철

미하며 작은 부분까지 세세하게 신경 쓰는 등의 특징을 보입니다.

그리고 주로 부정적인 생각을 많이 하기도 합니다.

과잉 사고를 하다 악순환에 빠지기도 합니다.

과잉 사고의 대상은 대부분 정답이 없는 것들입니다. '어차피 죽는데 왜 살아야 하는 걸까' 같은 물음입니다.

사람은 심신이 약해지면 정답 없는 물음이 문득문득 머릿속에 떠오르기도 합니다.

불안장애

적응장애는 명확한 스트레스원이 존재하는 것에 반해, '불안장애'는 특정 대상이 아닌 여러 가지 대상에 대해 과잉 불안을 느끼는 증상입니다.

신체적 증상

권태감, 피로감, 두통, 현기증, 숨 막힘, 기침, 가슴 압박감, 두근거림, 떨림, 발한, 복통, 설사, 미열, 눈물이 마르지 않는 등의 증상이 나타납니다.

일을 굉장히 잘한다고 인정받는 사람 중에는 자신이

잘하는 일만 하면서 꾸준히 높은 퀄리티를 유지하는 사람도 있습니다.

적응장애를 피하려면 적어도 '힘든 일에서 도망칠 줄 알아야 한다'라는 사실을 꼭 기억해 주세요.

◆

우리는 긴장의 끈을
놓을 수 없는 환경에 처해 있어요.
'도망'과 '여유'는 우리가 살아가는 데 있어
없어서는 안 될 중요한 전술입니다.

도망치면
살아남는다

◆◆◆

우리는 다른 사람에게 아무렇지 않게 '힘내'라고 말합니다.

"파이팅!"

"끝까지 포기하지 마."

"중간에 도망치면 안 돼."

누군가 힘들어하면 주변에서 이런 말로 격려하곤 합니다.

하지만 도망가도 괜찮다는 말은 아무도 해주지 않습니다.

격려하거나 응원하고 싶을 때 우리는 보통 '힘내'라고 이야기합니다.

이런 말을 들으면 "힘낼게요" 하고 대답할 수밖에 없습니다.

그런데 잠깐! 그렇게 답하기 전에 함께 생각해 봅시다.

일본어의 '힘내다(頑張る)'라는 말은 아래와 같이 해석해 볼 수 있습니다.

① (자신의 생각·의견 등을) 강하게 관철하려 하다

② (어떤 일을 해내려고) 어려움을 참고 노력하다

③ 버티고 서다

하나하나 곱씹어 보면 '고집을 세우다', '끝까지 인내하다', '장소를 점령하다'로 어느 것도 그다지 좋은 의미로 해석되지 않습니다.

한편 건축 용어 중에 '여유틈새'라는 단어가 있습니다. 부재(구조물의 뼈대를 이루는 데 중요한 요소가 되는 여러 가지 재료)의 변형이나 시공 오차를 반영해 두는 것을 말합니다. 미리 부재 간에 틈을 만들어 여유를 줌으로써 목재와 같은 부재가 온도나 습도에 의해 약간 변형되어도 문제없이 마무리할 수 있습니다. 일본 건축 현장에서는 이

단어를 '도망' 또는 '여유'라고도 부르는데, 이 '도망'이라는 틈새가 건축물의 완성도를 현격히 높여줍니다.

다시 말해, 건축 세계에서는 완벽한 건축물이 되려면 무조건 도망이 반영되어 있어야 하는 셈입니다.

그리고 자동차의 핸들과 브레이크에도 '여유'를 둡니다.

여유를 두지 않으면 도로 위의 작은 요철에 타이어가 닿을 때마다 발생하는 진동이 계속해서 핸들로 전해집니다. 그러면 자동차가 안정된 상태에서 똑바로 달릴 수 없어 매우 위험합니다.

핸들을 살짝 건드리거나 브레이크를 아주 약간 밟았을 때 자동차의 방향이 휙 바뀌거나 급정지하지 않게 하는 '여유'가 자동차의 안전성을 높여줍니다. 이렇게 설계에 여유틈새가 반영되어 있어 길 위에 요철이 있어도 핸들을 쉽게 놓치지 않을 수 있습니다.

그러나 F1 같은 레이싱카에는 여유틈새를 두지 않습니다. 정해진 코스에서 가장 먼저 들어와야 하는데 여유틈새가 있으면 가장 빠른 속도로 달릴 수 없으니까요.

엄청난 속도로 달리는 차 안에서 레이서는 한순간도

긴장의 끈을 놓을 수 없습니다. 긴장을 풀었다가는 목숨을 잃을 수도 있는 위험천만한 레이스이기 때문입니다.

우리 인생도 똑같습니다.

여러분은 지금 긴장의 끈을 한순간도 풀 수 없는 상황에 놓여 있습니다.

'도망'과 '여유'는 살아가는 데 있어 없어서는 안 될 중요한 전술입니다.

속도를 추구하는 현대사회에서는 한번 조직사회에 발을 들여놓으면 도망치기가 여간 쉽지 않습니다.

인사고과에서 공정하지 못한 평가를 받거나 익숙하지 않은 업무를 떠넘겨 받는 때도 있지요.

영국 태생의 인류학자 그레고리 베이트슨(Gregory Bateson, 1904~1980)은 '이중구속(Double bind)'이라는 이론을 제창했습니다.

'이중구속'이란 2가지 모순된 사항을 요구하거나 정보를 줌으로써 어느 쪽을 선택해도 죄책감이나 불안을 느끼게 하는 심리적 스트레스를 말합니다.

예를 들어 보겠습니다. 모르는 게 있으면 뭐든지 물어

보라고 해서 질문했더니 그 정도는 스스로 생각하라며 혼내거나, 알아서 생각하고 행동하래서 그렇게 했더니 상의 한마디 없이 멋대로 행동했다고 화내는 상사와 같은 경우지요.

이런 상사가 있는 조직에서 버티기란 쉬운 일이 아닙니다.

싸운다고 한들 해결되지 않으니 몸과 마음이 망가지기 전에 재빨리 도망치는 것이 살아남는 길입니다.

2022년 일본에서 발표된 자료(2019년 대학 졸업자 대상)에 따르면 졸업 후 바로 취업한 사람 약 3명 중 1명(31.5%)이 3년 만에 회사를 그만뒀다고 합니다.

퇴사율은 업무 내용과 처우, 인간관계, 이들 3가지에 의해 좌우됩니다.

요즘은 헤드헌팅 업체가 넘쳐납니다. 따라서 '도망치기 쉬운 환경'이 마련되어 있다고도 할 수 있습니다.

제2장

왜 도망치지 못할까

나약한 소리도
편히 할 수 있는 사회를 목표로

◆◆◆

나약한 소리도 편한 환경이어야 입에서 나옵니다. 제 1장 마지막에 소개한 '이중구속'의 심리적 스트레스를 느끼는 사람도 적지 않습니다.

2024년 전반기에 일본 NHK에서 방영된 드라마 〈호랑이에게 날개(虎に翼)〉는, 일본 여성 최초로 사법고시에 합격하고 법원장이 된 미부치 요시코(三淵良子, 1914~1984)를 모델로 한 이노쓰메 도모코(猪爪寅子)가 주인공입니다. 그녀는 15화에서 이렇게 말합니다.

"누구나 힘들 땐 힘들다고 말할 줄 알아야 해. 비록 말한다고 해결되지는 않겠지만. 나는 적어도 나약한 소리

를 하는 자신을, 그 사람을 있는 그대로 받아줄 수 있는
쉼터 같은 변호사가 될 거야."

이 한마디에 그 자리에 있던 여성들이 돌아가며 힘든
속내를 털어놓습니다.

지금 여러분은 무슨 말을 해도 어차피 해결이 안 된다
고 생각해서 나약한 소리를 못 하고 있는지도 모릅니다.
그런데 우리는 '학습된 무기력'에 빠지면 안 됩니다.
긍정심리학 이론을 제창한 미국의 심리학자 마틴 셀
리그먼(Martin Elias Peter Seligman, 1942~)은 개를 이용하여
학습된 무기력과 관련된 실험을 진행했습니다. 학습된
무기력이란, 곤경에 처했을 때 혼자서는 아무것도 할 수
없고 상황을 바꿀 수도 없는 무기력한 상태라고 스스로
여기는 학습된 인지를 말합니다.
러시아의 문호 도스토옙스키(Fyodor Mikhailovich
Dostoevskii, 1821~1881)의 후기 작품 중에《지하로부터의
수기》가 있습니다. 이 작품에서 인간에게 가장 괴로운
고문은 '흙을 파서 만든 구멍을 다시 메우는 작업을 반
복하는 일'이라고 표현했습니다.

그리고 셀리그먼 씨는 인간의 행복에는 '성취', '긍정 정서', '몰두', '원만한 인간관계', '의미' 등 다섯 종류가 있다고 주장했습니다.

다섯 번째의 '의미'는 자신이 하는 행동이 가치 있고, 누군가에게 도움이 된다는 점을 실감하는 것을 말합니다.

인간은 의미가 없는 것을 참지 못합니다. 지금 자신이 하는 행동이 너무도 의미가 없어 견디기 힘든 상황이라면 절대 행복하다고 할 수 없습니다.

저는 나약한 말도 편한 마음으로 할 수 있고, 힘든 소리를 할 때 누구라도 들어줄 수 있는 사회를 만들어 가고 싶습니다. 이것이 바로 제가 정신건강의학과 의사를 하는 이유이기도 합니다.

◆

우리는 살면서 스스로의 마음을
얼마나 제대로 알아차릴까요?
만약 당신이 오늘 도망치고 싶다면
그 생각을 인정해 보세요.

나약한 소리 못 하게 만드는
4가지 불안

◆◆◆

    심리학에서는 나약한 소리를 할 수 있는 환경을 '심리적 안전감(Psychological Safety)'이라고 합니다.

    이 이론은 미국의 조직행동학 연구가인 에이미 에드먼슨(Amy C. Edmondson) 교수가 1999년에 논문을 통해 처음 주장했습니다.

    주로 직장에서 누구에게 무슨 말을 해도 인간관계가 무너지거나 페널티 받을 걱정 없는 상황을 가리키는 용어로 사용됩니다.

    '지금 말 걸어도 괜찮을까?'
    '이런 거 물어봐도 되려나?'

누구나 이런 걱정을 합니다.

생산성을 높이고, 일하기 좋은 환경을 만들려면 이 심리적 안전감이 필요합니다. 직장뿐 아니라 가정에서도 매우 중요한 이론입니다.

심리적 안전감이 낮으면 왜 불안해질까요?

에드먼슨 교수는 불안해지는 이유에 관하여 다음과 같이 4가지로 설명했습니다.

무지한 존재 낙인

잘 모르면 다른 사람에게 묻거나 상의해야 하는데 그러질 못합니다. 회사의 기대에 부응하지 못하면 내 자리가 없어질 거라는 불안이 항상 따라다니는 것이지요.

무능한 존재 낙인

"이해력이 떨어지는 것 같은데?", "머리가 나쁜 거 아냐?" 다른 사람이 나를 이렇게 생각한다면 두렵겠지요. 공부를 잘하는 사람일수록 모르겠다고 말하기가 어렵습니다.

그리고 실수를 저지를 때마다 혼나거나 페널티가 주

어지는 분위기라면 상사에게 있는 그대로 보고도 못 하고 숨기기에 급급해집니다.

그렇게 문제점이 은폐되고 커질 때까지 아무도 눈치채지 못합니다.

우리가 종종 뉴스를 통해 접하는 정계와 대기업의 은폐 사건이 이렇게 생겨나기도 합니다. 뛰어난 사람일수록 이런 걱정에 사로잡히기 쉽습니다.

짐짝 같은 존재 낙인

대화라는 것은 이야기가 이리저리 샛길로 빠지기도 하고, 모르는 것은 서로 질문하면서 명확하지 않은 부분을 명확히 해나가는 과정입니다.

그런데 질문을 하면 "그런 것도 몰라?!"하며 역정부터 내고 보는 사람이 있습니다. 이런 경험을 하고 나면 다른 사람에게 질문하는 것 자체가 두려워, 제대로 이해하지 못한 채 그냥 넘어가는 일이 많아집니다.

부정적인 존재 낙인

개선점이나 문제점을 지적당하면 본인이 옳다고 강력하게 주장하거나, 왜 멋대로 판단하냐며 역정을 내는 사람이 있습니다. 이런 사람에게는 다시 말을 꺼내기조차 힘듭니다.

개선점과 문제점은 방치되고 점점 심각해져 갑니다. '중대 사고 1건이 발생하기 전에 300건의 무상해 사고가 발생한다'라는 말은 그런 메커니즘으로 결국에는 중대 사고가 터지고 만다는 사실을 의미합니다.

◆

도망치고 싶은 마음을 억눌러가며
가혹한 환경에서 버티는 것이
정녕 당신의 인생인가요?

도망쳤을 때의
불이익을 없애는 방법

◆◆◆

현명하게 도망치지 못하면 다른 사람에게 민폐를 끼치게 됩니다.

제1장에서 설명한 바와 같이 도망치는 사람은 낙오자, 패배자, 겁쟁이, 졸보, 무능력자, 이기주의자, 근성 부족, 노력 부족, 참을성 부족, 책임 회피라며 비난받습니다.

그래서 도망치고 싶어도 다음과 같은 불안 때문에 주저하게 됩니다.

'다시 얼굴 보기 어색할 것 같아.'
'나를 공격하거나 비난하지는 않을까?'
'소외되지 않을까?'

'내 뒷담화를 하지 않을까?'

'따돌림당할 것 같아.'

'다른 일을 금방 못 구하면 어쩌지?'

'또 꾀부린다며 혼나면 어쩌지?'

위와 같은 일이 정말로 일어날까 하는 걱정에, 도망치는 것이 자신에게 도움이 되지 않는다고 단정짓습니다.

물론 도망치는 행위는 전적으로 '자신을 위한' 선택이기에, 다른 사람에게 폐를 끼치지 않는 방법으로 진행해야 합니다.

다른 사람에게 '이기적인 행동'으로 비치면 여러분에게 불이익으로 작용합니다. 현명하게 도망치는 방법은 제3장에서 소개하겠습니다.

◆

도망치고 싶어 하는 마음을
인정하는 사람은
위험이 느껴지는 순간
상황을 멈추거나 되돌릴 수 있습니다.

스트레스받았을 때의
공통된 반응

◆ ◆ ◆

스트레스 요인을 스트레스원(stressor)이라 부르는데 종류가 여럿 있습니다.

- 물리적 스트레스원 …… 더위, 추위, 소음, 혼잡 등
- 화학적 스트레스원 …… 공해물질, 산소의 결핍 또는 과잉, 약물 등
- 생물적 스트레스원 …… 꽃가루, 바이러스, 먼지 등
- 생리적 스트레스원 …… 염증, 질병, 공복, 임신, 충치, 감염 등
- 심리적 사회적 스트레스원 …… 인간관계에서 발생하는 문제 및 사회적 행동에 따른 책임, 미래에 대

한 불안 등

이러한 스트레스원의 종류에 상관없이 '일정한 반응을 보인다'라는 스트레스 학설을 제창한 이가 있었습니다. 바로 오스트리아 출신의 캐나다 내분비학자 한스 셀리에(János Hugo Bruno Hans Selye, 1907~1982)입니다.

스트레스원이 몸으로 들어오면 가장 먼저 쇼크 상태가 됩니다(쇼크양상. 77쪽 그림 참조). 이때 나타나는 신체적 반응으로는 혈압 및 혈당 저하, 근긴장 억제 등이 있으며 이런 상태는 몇 시간에서 하루 정도 지속됩니다.

갑작스러운 쇼크 상태에서 회복되면 뒤이어 스트레스에 대한 적응반응이 본격적으로 시작됩니다. 이번에는 혈압이나 혈당치가 상승하면서 쇼크 양상과는 정반대로 두통 및 현기증, 어깨결림, 위통, 설사 등의 현상(반쇼크양상)이 나타납니다.

다음 단계는 그림의 ②저항기입니다. 유해 스트레스원에 대한 저항력이 늘어나며 스트레스원과 저항력이 균형을 이룸으로써 일시적으로 안정을 되찾습니다. 이 시기에 스트레스원을 제거하기 위해 '도망'치면 스트레스 상태에서 벗어나 다시 건강한 상태로 돌아갈 수 있습니다.

그러나 스트레스원에 저항하는 에너지를 과도하게 사용하면 한계에 다다르고 맙니다. 이때 보이는 행동적 반응에는 집중력 저하, 음주 및 흡연량 증가, 은둔, 불면증, 의욕 감퇴 등이 있습니다. 심리적으로는 불안 및 분노, 슬픔, 초조함이 1차 반응으로 나타나고, 2차 반응으로 무기력하거나 우울한 증상을 보입니다.

스트레스를 받았을 때의 반응

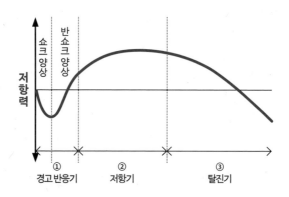

범적응증후군(GAS)의 시간적 경과(《감정심리학으로의 초대感情心理学への招待》, 하마 하루요濱治世, 스즈키 나오토鈴木直人, 하마 야스히사濱保久 공저, 2001을 일부 개정)

이러한 스트레스 상태가 장기간 지속되면 저항력(스트레스 내성)이 점점 약해지다가 결국 에너지를 다 써버리고 맙니다.

　　아니면 행동이 억제되어 이도 저도 못 하는 상태가 되면서 감정적으로는 포기와 불안, 무력감, 의욕 저하와 같은 증상이 나타납니다. 나는 아무것도 못 한다, 상황을 바꿀 능력이 안 된다며 무기력에 빠집니다(③탈진기).

　　우리 인간은 적당한 스트레스에 대해서는 적응하는 능력을 지니고 있어 되레 업무 효율이나 집중력이 높아지기도 합니다.

　　그러나 오랜 기간에 걸쳐 스트레스 상태가 지속되면 최악의 경우 죽음에 이르기도 합니다.

◆

'멘탈이 약한 건 자기 책임'이라고
주장하는 사람이 있습니다.
마치 따돌림을 당한 사람에게도
잘못이 있다는 논리입니다.
아니요.
그렇지 않습니다.

몇 달에 걸쳐 진행되는
자살 과정

◆◆◆

앞에서 언급한 불안이 극에 달하면 우울해지면서 올바른 판단력을 잃습니다. 냉정한 판단을 내릴 수 없게 되는 것이지요.

생활사건(Life Events, 102~105쪽 칼럼에서 생활사건별 피로도를 측정하는 스트레스 평가 척도를 소개합니다.)을 계기로 우울증에 걸리는 사람은 마음속에 시야협착 증상이 나타나는데 이를 '터널 비전(Tunnel Vision)'이라고 합니다.

터널 비전이란 여유와 냉정, 유연성을 잃고 상황을 넓게 보지 못하는 상태를 뜻합니다. 다양한 가능성이 있는데도 불구하고 특정 선택지 내에서만 고민하게 됩니다.

심적 시야협착 상태가 몇 달간 지속되는 동안 시야는 점점 좁아집니다. 불과 몇 개월 만에 올바른 판단력을 잃는 상황으로 내몰리고 맙니다.

그러다 결국 '난 이제 글렀어', '죽을 수밖에'라며 극단적 선택을 하게 되는 과정을 밟기 시작합니다.

이는 스스로 판단하여 죽음을 결심한 것이 아닙니다. 죽음을 선택할 수밖에 없는 극한의 상황에 내몰린 결과입니다.

WHO(세계보건기구)에 따르면 자살자의 약 97%는 모종의 정신장애를 앓는 상태였다고 합니다.

그중 약 30퍼센트(70퍼센트라고 주장하는 사람도 있습니다.)가 우울증을 포함한 기분장애입니다. 약물 및 알코올 의존증, 조현병, 인격장애가 그 뒤를 이었으며, 이들 4가지가 자살에 영향을 미치는 4대 정신질환으로 알려져 있습니다.

한편 긍정심리학 이론의 일인자 마틴 셀리그먼이 제창한 '5가지 행복(달성Achievement, 긍정 정서Positive emotion, 몰두Engagement, 원만한 인간관계Relationship, 의미 Meaning)' 중 '긍정 정서'는 뇌 안에서 도파민이 솟구치는 유형의 쾌락을 말합니다. 맛있는 음식을 먹거나 약물 또는 알코올을 섭취하면 도파민이 나오고 금방 쾌락이라는 피드백을 얻을 수 있는 행복으로, 이는 의존증에 걸리기 쉽습니다.

'멘탈이 약한 건 자기 책임'이라고 주장하는 사람이 있습니다. 마치 따돌림을 당한 사람에게도 잘못이 있다는 논리입니다.

아니요. 그렇지 않습니다.

사회 경험이 적은 청년층이나 사회적으로 불리한 위치에 있는 사회적 약자들은 탄광의 카나리아처럼 사회 또는 회사, 팀, 가정 등이 안고 있는 모순이나 과제에 가장 먼저 직격탄을 맞습니다.

예를 들어, 2001년부터 2006년까지 일본을 이끌었던 고이즈미 내각 당시 노동법이 개정되면서 비정규직의 고용 범위가 확대되었습니다. 그로 인해 비정규직 고용이 증가했으나 정규직 근로자와 비교해 저렴한 임금 때문에 소득격차가 더 커져 워킹 푸어(근로빈곤층)가 대량으로 발생하는 결과를 초래한 바 있습니다.

당시 연말이 되자 큰 공원에서 노숙하던 비정규직 노

동자들에게 자원봉사자들이 무료로 식사를 나눠줬는데, 이때도 자기책임론이 불거졌습니다.

누구에게나 직업을 선택할 자유가 있고 그들 스스로 비정규직을 선택한 것이니, 그 결과에 대한 책임은 그들에게 있다는 주장입니다.

성공하고 싶으면 더 노력하라는 식의
능력주의적인 사고방식은
요즘 시대에는 더 이상 통하지 않습니다.

각자도생 사회에
맞지 않는 사람도 있는 법

◆◆◆

요즘 자기책임과 함께 거론되는 것이 '각자도생'입니다.

비정규직 노동자가 정규직이 되지 못한 이유는 노력을 게을리하고 마땅히 지녀야 할 능력을 키우지 않았기 때문이라고 말합니다.

예를 들어, 퇴직 연금 중 확정기여형(DC형)은 노동자가 스스로 자기 책임하에 자산을 운용하며 노후 자금을 저축하는 연금제도입니다.

이와 반대되는 것이 확정급여형(DB형)입니다. 사업주가 노동자를 대신해 노동자의 노후 연금을 적립합니다.

최근 많은 기업이 DB형에서 DC형으로 전환하거나

DC형을 도입하는 추세입니다. 사업주가 재정적 리스크 부담을 줄이기 위함입니다.

자산운용 리스크가 사업주에서 노동자로 이전하면서 지금까지 자산운용을 전혀 신경 쓰지 않던 노동자들도 각자도생이라는 명목하에 스스로 리스크를 짊어지게 되었습니다.

자산운용 전문 컨설턴트에게 조언을 받아 가며 운용해도 부담스러운 리스크를, 노동자가 자기 책임으로 떠안은 셈입니다. 이는 적절한 정보를 얻은 개인이 적절한 투자 행위를 일으킬 수 있을지 여부와는 별개의 문제입니다.

다양한 정보 중에서 현명하게 취사선택하여 손해 보지 않는 행동을 해야 할 때 우리는 스트레스를 받습니다. 아무리 중요한 일이라도 그 점을 인지하고 행동으로 옮기기란 여간 번거로운 일이 아닙니다.

각자도생하지 않는 사람은 나태한 걸까요? 그렇지 않습니다.

중요한 일이기에 더욱 큰 스트레스로 다가와 쉬이 행동으로 옮길 수 없는 성실한 사람입니다.

일이 잘 풀리지 않는다면 그 사람의 노력이 부족해서 일까요?

저는 그렇지 않다고 생각합니다.

성공하고 싶으면 더 노력하라는 식의 능력주의적인 사고방식은 요즘 시대에는 더 이상 통하지 않습니다.

전형적인 인생의 틀(회사원이나 공무원 등)에 속해 있으면 '사회책임' 아래에서 공적인 지원을 받을 수 있습니다.

그러나 이 틀을 벗어나는 순간 모든 것들이 자기 책임 아래에 놓입니다.

'틀을 벗어나는 행위=도망'이라는 고정관념.

이것이 바로 도망치지 못하는 불안을 낳는 구조입니다.

◆

우리 일상에서는 용기가 꺾이는 일이
매일같이 일어납니다.
따라서 "꺾이면 안 돼"가 아니라
"꺾여도 괜찮아"가 마땅합니다.

일상에 만연한
'용기를 꺾는 요소'

◆ ◆ ◆

더 노력하려는 사람에게 주위에서 건네는 '열심히 해' 라는 말은 너무도 잔혹합니다. 지금보다 더 열심히 해야 한다는 강박에 갇히고 맙니다.

기대하는 사람들을 속상하게 하거나 실망시키면 안 된다는 생각에 억지로라도 꿋꿋한 척을 합니다.

'열심히 해'라는 말을 건네는 사람의 심층적인 심리에 는 '네가 열심히 안 하면 내가 곤란해'라는 숨겨진 의도 가 존재합니다.

그리고 스스로 그 의도를 눈치채지 못하기도 합니다.

부모나 선생님, 상사, 회사의 인사팀 직원 등이 건네

는 '너를 위해서'라는 말은 어디까지나 표면적인 것으로, 본심은 '자신 본위'인 경우도 적지 않습니다.

자신 본위란 본인 위주로 생각하는 것을 말합니다. 매사 자신에게 유리하도록 말이지요.

자신 본위에 관하여 몇 가지 예시를 들어보겠습니다.

- 중도 포기를 인정해 버리면 그 사람에게 게으른 습성, 쉽게 포기하는 습성이 있다고 하는 꼬리표가 붙을지도 모른다는 걱정
- 그 사람이 회피한 일이 돌고 돌아 내 책임이 될지도 모른다는 불안
- '노력은 배신하지 않는다'라는 격언처럼 계속하다 보면 무조건 능력이 생긴다는 믿음
- 마지막까지 포기하지 않는 '근성'을 키우면 미래 목표를 이룰 수 있다는 믿음
- 포기를 쉽게 받아주면 멘탈이 약해질 수 있다는 걱정
- 부모가 잘못 키웠다, 교육방식이 잘못됐다고 지적받고 싶지 않은 마음

결코 '너를 위한'이 아닌 '나를 위한' 생각들입니다.

이런 생각들은 여러분의 '도망칠 용기'를 너무도 손쉽게 꺾어버립니다.

진심으로 여러분을 응원하고 싶은 사람도 있을 것입니다. 그러나 그 응원 한 마디가 오히려 흉기로 돌변하여 여러분을 몰아붙일 수도 있습니다.

그럼 주변에서 슬기롭게 도울 수 있는 방법은 제4장에서 함께 살펴보겠습니다.

미국 펜실베이니아대학 심리학과 교수 앤절라 더크워스(Angela Duckworth)의 저서《그릿 GRIT-IQ, 재능, 환경을 뛰어넘는 열정적 끈기의 힘》은 2016년 출간되었을 때 큰 화제를 모았습니다.

'그릿(Grit)'이란 역경 속에서도 꺾이지 않는 투지 또는 기개, 기골 등을 나타내는 영어입니다. 사회적으로 성공한 사람들이 공통으로 가지고 있는 심리적 특성으로 알려져 있습니다.

그런데 '사회적 성공'이란 무엇일까요?

우리 일상에서는 용기가 꺾이는 일이 매일같이 일어

납니다.

따라서 "꺾이면 안 돼"가 아니라 "꺾여도 괜찮아"가 마땅합니다.

세상 곳곳에는 우리의 용기를 꺾어버리는 요소가 도사리고 있으니까요.

◆

괴로우면서 '난 괜찮아', '난 아무렇지 않아'라며
멀쩡한 척하며 모순을 끌어안고 있지 마세요.
힘든 소리를 한다고 지는 것은 아닙니다.

용기의 5가지
기본 이론

◆◆◆

아들러 심리학에서는 역경을 극복하는 데에 도움을 주는 '용기 부여'가 있다고 주장하며, 다음과 같이 5가지 기본 이론을 제시했습니다.

자기결정성
자기가 하고 싶은 것을 스스로 선택한다.

목적론
인간은 목적을 향해 살아간다. 사람의 행동에는 목적이 있다. 목적에 따라 인생은 바뀔 수 있다.

인지론

눈앞에 일어난 일에 대해 나만의 렌즈를 통해 내가 받아들이고 싶은 대로, 즉 주관적으로 의미를 부여한다.

객관적으로 사물을 보는 힘(공통감각)을 익혀 내 기준이 아닌 다양한 관점에서 사물을 바라보고 생각함으로써 그릇된 인식을 깨닫고 건설적으로 사고할 수 있다.

다만 다른 사람의 눈을 너무 의식하면 판단력과 행동력이 약해진다.

대인관계론

인간의 모든 행동에는 상대역이 있다.

전체론

이성과 감정, 마음과 몸은 모든 게 연결된 하나의 것으로 생각한다. '그만두고 싶지만 그만둘 수 없다'라는 마음은 사실 그만둘 수 없는 게 아니라 '그만두고 싶지 않다'라는 심리가 내재한 것이다.

원래 사람 마음에 모순이란 존재하지 않는다. 말과 행동이 일치하지 않는 사람은 스스로 모순을 만들어 낸 것이다.

마음은 도망치고 싶은데 '주위의 기대를 저버리면 안 되니까 힘내자', '부모님이 속상해하시니까 힘든 소리 하지 말자' 같은 모순을 끌어안고 있진 않나요?

아들러 심리학에서는 도망치고 싶은데 도망칠 수 없게 만드는 주위의 동조압력 때문에 괴롭다면 당장이라도 그 관계성을 끊어내라고 말합니다.

'어떻게 이 회사에 들어온 건데. 그만두긴 아까워.'

'어렵게 만나기 시작한 사람이잖아. 헤어지는 건 두려워.'

이런 마음을 버리고 그 상황에서 도망치려면 용기가 필요합니다.

혼자 끙끙거리지 말고 상사나 부모님, 친구, 반려동물, 상담사 등 누구라도 좋으니 '괴롭다', '힘들다', '이제 한계다'라고 입 밖으로 뱉어내세요.

괴로우면서 '난 괜찮아', '난 아무렇지 않아'라며 멀쩡한 척하며 모순을 끌어안고 있지 마세요.

힘든 소리를 한다고 지는 것은 아닙니다.

◆

도망친다는 것은
목적지에 도달하는 것을
포기한다는 뜻이 아닙니다.
더 좋은 방법을 생각하거나
안전한 길로 전환하겠다는 뜻입니다.

도망치지 못하게 하는
5가지 요인

◆◆◆

여러분이 도망치는 것을 막는 요인이 있습니다.

어떤 요인이 있는지 5가지로 나눠봤습니다.

공포를 이용한 협박

벌이나 협박을 가함으로써 상대가 행동을 일으키지 못하게 하는 방법입니다.

'도망치면 모두가 널 비난할 거야', '네가 여기서 도망칠 수 있을 것 같아? 어림도 없지', '회사에 알릴 거야', 'SNS에 올려서 퍼뜨릴 거야.'

이러한 협박은 공포를 조성합니다.

한편 '착한 협박'도 있습니다.

강요하지 않으며 행동 변화로 이어지게끔 살며시 뒤에서 밀어주는 방법입니다. 이를 '넛지(Nudge) 이론'이라 하는데 '가볍게 콕콕 찌르다, 뒤에서 조용히 돕다'라는 뜻입니다.

선택을 강요하지 않으면서(선택의 자유 확보) 여러분이 더 좋은 방향으로 행동할 수 있도록 유도합니다.

동조 효과

다른 사람과 행동을 똑같이 맞추면 일단 안심됩니다. 이는 의식적인 행동이자 무의식적인 행동입니다.

사회에서 살아가려면 반드시 지켜야 하는 사회규범이 있습니다. '도망치면 안 된다'라는 암묵적인 규칙이 동조압력으로 작용하여 벗어나지 않도록 행동하게 되는 것입니다.

부정적 사고와 지적하려는 사고

매사에 지적하려는 사람이 있습니다. 이런 사람들은 고민을 상담하려고 이야기를 꺼내면 '라떼는 말이야……', '그래도 난 노력해서 극복했어'라는 식으로 말해서 할 말을 잃게 만듭니다.

또 '~라서 안 돼', '그런 게 나쁜 버릇이야'라고 뭐든 부정적으로 말하는 사람도 있습니다. 내 단점이나 못하는 부분을 그 누구보다 스스로 잘 알고 있는데도 말이지요.

여러분에게 지적하는 건 비단 다른 사람뿐이 아닙니다. 자신이 자신에게 가장 엄격하게 지적하는 사람도 은근히 많습니다. 자신에 대한 기대치를 낮추고 있는 그대로의 나를 받아들인다면 도망칠 수 있는 용기가 생길 것입니다.

현상 유지 편향과 손실 회피 편향

회피하는 편이 더 바람직한 상황에서도 현상 유지를 추구하려는 습성이 있습니다. 이를 현상 유지 편향 또는 정상성 편향이라 부릅니다.

사람은 현재 상태를 바꾸는 것을 손실로 받아들이는 경향이 있습니다.

그리고 얻는 기쁨보다 잃는 아픔을 더 강력하게 느끼기도 합니다. 의사결정을 할 때도 이익을 얻는 것보다 손해 보는 것에 민감하여 작은 손실조차 꺼리는 습성이 있습니다.

이를 손실 회피 편향이라고 합니다.

도망치는 것을 꺼리는 습성은 손실 회피 편향에 기인한 결과라 할 수 있습니다.

초기 설정 유지 희망

미리 설정해 놓은 표준 상태를 '초기 설정' 또는 '디폴트'라고 합니다.

사람은 현재 상태를 유지하려고 하는 경향이 있습니다.

예를 들어, 어떤 상품을 살 때 초기 설정된 상태 그대로 주문하려는 사람이 많습니다. 바꾸는 게 귀찮다는 심리와 미루려는 '현상 유지 편향' 심리가 작용하기 때문입니다.

그 심리를 이용하여 정기구매를 디폴트로 해놓는 판매자도 있습니다.

나의 스트레스 지수는 몇 점일까?

미국의 심리학자 토마스 홈스(Thomas Holmes)와 리처드 라헤(Richard H. Rahe)는 스트레스를 기준으로 피로도를 평가하는 방법을 개발했습니다.

바로 '사회적 재적응 평가 척도'입니다.

결혼이나 배우자의 죽음, 퇴직 등 우리가 살아가며 겪는 일을 43항목으로 추려, 그 일을 통해 얻는 스트레스의 정도를 점수화했습니다.

사회적 재적응 평가 척도

(Holmes & Rahe, 1967)

살아가며 겪는 일	점수
배우자의 죽음	100
이혼	73
부부간 별거	65
구류	63
가족의 죽음	63

부상 및 질병	53
결혼	50
해고 및 실직	47
부부간 화해 및 조정	45
퇴직	45
가족의 건강상 큰 변화	44
임신	40
성(性)적 장애	39
새로운 가족 구성원 증가	39
업무상 변화	39
경제 상황의 큰 변화	38
절친의 죽음	37
이직	36
배우자와의 싸움 횟수 증가	35
1만 달러 이상의 빚(저당)	31
담보 및 융자금 상실	30
직장 내 책임 변화	29
자식의 가출	29
친척과의 마찰	29
자신의 빛나는 성공	29
배우자의 취직 및 퇴직	26
입학 및 졸업	26
생활환경의 변화	25
개인 습관의 변경	24
상사와의 마찰	23
근무 환경의 변화	20

거주 환경의 변화	20
전학	20
여가 활동의 변화	19
종교 활동의 변화	19
사회 활동의 변화	18
1만 달러 이하의 빚	17
수면 습관의 변화	16
동거 가족 수의 변화	15
식습관의 변화	15
휴가	13
크리스마스	12
경미한 법 위반	11

위 항목을 기준으로 1년 동안 받은 스트레스 지수의 총합이 일정 점수를 넘으면, 다음 해에 어떠한 신체적 질환을 호소하는 사람의 비율이 높아진다는 조사 결과가 있습니다.

300점 이상 79%

200~299점 51%

150~199점 39%

이 결과를 통해 스트레스의 축적 정도와 신체질환을 호소하는 빈도가 비례한다는 사실이 밝혀졌습니다.

부부 사이가 나쁘면 큰 스트레스를 받는다는 사실은 모두가 알고 있습니다. 그런데 결혼이나 임신, 새로운 가족 구성원의 증가 등 기쁘고 행복한 일에도 스트레스 지수가 높아집니다.

고민이나 고통에서 비롯되는 부정적인 상황뿐 아니라 신나고 기쁜 일도 스트레스 요인으로 작용할 가능성이 있다는 뜻입니다.

제3장

도망치는 기술

도망치기 위한 환경은
마련되어 있다

◆◆◆

인간은 사회적 동물이어서 개인이지만 끊임없이 다른
사람과 관계를 맺으며 살아갑니다.

일본 근현대 문학의 아버지로 칭송받는 나쓰메 소세
키(夏目漱石, 1867~1916)의 소설 《풀베개》의 말머리에는 다
음과 같은 문장이 등장합니다.

> 이지(理智)만 따지면 모가 난다. 정에 현혹되면 휩쓸려 버
> 린다. 고집을 세우면 옹색해진다. 여하튼 인간 세상은 살
> 기 힘들다.

소세키가 살던 시대뿐 아니라 어느 시대든 인간사회에

서 살아가며 스트레스를 받지 않기란 거의 불가능합니다.

과거 일본에는 '집'과 '마을'이라는 강력한 공동체가 존재했습니다.

에도시대(1603~1868)에는 법도와 질서를 어긴 자를 마을 전체에서 따돌리는 자치적 제재 행위를 가했습니다. 마을에서 잘못을 저지른 자에게는 8가지 중요한 일(성인식, 결혼식, 출산, 간병, 집 증축 및 개축, 수해 방지, 제사, 여행)에서 마을 사람의 도움을 받을 수 없게 하고 교류도 불가능하게 했습니다. 단, 장례(시신 수습)와 화재는 돕지 않으면 마을에도 피해가 생기기에 이 2가지에 한해서는 도왔습니다. 마을 주민이 결속하여 법도를 어긴 자에게 벌금, 절교, 추방 등의 제재를 가하는 행위가 정당화되었던 셈입니다. 그로 인해 물 이용이 불가능해지면 고립되어 그 사회에서 살아갈 수 없게 되었습니다. 이는 죽음을 의미했습니다.

그러나 현대사회에서는 공동체의 존재 의미가 크게 바뀌었습니다.

위의 마을 따돌림 중 장례와 화재 2가지는 예외 대상

이었습니다. 돕지 않아 수습이 안 되면 마을에도 피해가 생긴다는 이유에서였습니다. 그랬던 장례와 화재도 이제는 공동체라는 존재가 없어도 얼마든지 수습됩니다. 소방은 행정에서, 장례는 상조회사에서 도맡아 처리해 줍니다. 이른바 '고립'되어도 문제없는 집합적 환경이 마련된 셈입니다. 핵가족화로 인해 각 집안의 관습은 거의 자취를 감췄고, 묘지 철거에 골머리를 앓는 사람도 있다고 합니다.

고용 형태도 크게 변했습니다. 연공서열과 종신고용은 마지막을 고했고, 정년까지 안정적이라 보고 취직한 회사에서도 실적이 나쁘면 언제 잘릴지 모르는 불안이 도사리고 있습니다.

가정폭력은 가정법률상담소나 여성긴급전화 등을 통해 상담이나 지원을 받을 수 있고, 가정폭력방지법으로 보호받고 있습니다.

지금까지 별수 없이 참아왔던 가정 내 폭력이 이제는 배우자에게 상처만 내도 상해죄가 성립됩니다.

이 또한 도망칠 수 있는 환경이 착실하게 마련되고 있다고 할 수 있습니다.

◆

도망치려면 '상대가 어떻게 생각할지',
'상대가 나에게 무엇을 기대하고 있는지'에 대해
깊게 생각하지 말아야 합니다.

나쓰메 소세키는
어떻게 신경증을 극복했는가

◆◆◆

조현병 환자에게는 다음과 같은 감정이 지배적으로 나타납니다.

'사라지고 싶다.'
'죽는 게 나을 것이다.'
'죽는 길밖에 없다.'
'나는 없어야 하는 존재다.'

앞서 언급했듯 에도시대는 매우 끈끈한 촌락사회였기에 공동체로부터의 차단은 죽음을 의미했습니다.

그런데 메이지시대(1868~1912) 이후 나쓰메 소세키 같은 문학가들이 공동체에서 개인을 분리하는 과정에 크게 기여했다고 생각합니다.

열혈 학구파였던 소세키는 모든 과목에서 매우 좋은 성적을 올리며 스물셋의 나이에 제국대학(현 도쿄대학) 영문과에 입학합니다. 그러나 스트레스를 잘 받는 성격이었던 소세키는 이즈음부터 비관주의와 신경쇠약에 시달리기 시작합니다.

대학을 졸업한 뒤 영어 교사가 된 소세키는, 서른세 살에 정부로부터 영어교육법을 연구해 오라는 명령을 받아 홀로 영국으로 떠납니다.

그러나 정부가 지원하는 생활비는 부족했고, 궁핍하게 생활하던 그는 신경쇠약에 걸립니다.

이때 친구였던 소설가 다카하마 교시(高浜虚子, 1874~1959)가 소세키에게 글을 쓸 것을 권했습니다. 소세키는 글쓰기를 시작하자 바로 천부적인 재능을 보이며 《나는 고양이로소이다》, 《도련님》, 《그 후》, 《마음》과 같은 명작을 연이어 써냈습니다.

《그 후》에서 소세키는 이런 문장을 남겼습니다.

> 처음부터 객관적으로 어느 목적을 만들어 놓고 그것을 인
> 간에게 부여하는 행위는, 그 인간의 자유로운 활동을 그가
> 태어날 때부터 빼앗는 것과 마찬가지다. 따라서 인간의 목
> 적은 이 세상에 태어난 본인이 그 자신에게 만든 것이어야
> 만 한다.

'자신에게 만든 것이어야만 한다'라는 말은 이른바 자
기결정을 뜻합니다.

매사 스스로 결정할 수 있는 사람은 행복 지수가 높다
는 조사 결과도 있습니다.

일본 최고의 대학에 들어갈 정도로 똑똑한 사람이었던
소세키는 두말할 나위 없이 성실한 노력가였을 테지요.

또 주위의 큰 압박을 이겨내고 기대에 부응하며 자신
의 존재의의를 실감했을지도 모릅니다.

그러나 주위의 기대에만 맞추다 보면 자신을 잃고 맙
니다. 책임감까지 강하면 도망치지도 못합니다.

다른 사람이 그에게 바라는 것과 소세키 본인이 바라
는 것은 달랐습니다. 그래서 소세키는 소설 속에서, 인
간의 목적은 태어난 본인이 그 자신에게 만든 것이어야

만 한다고 주장했습니다.

　도망치려면 '상대가 어떻게 생각할지', '상대가 나에게 무엇을 기대하고 있는지'에 대해 깊게 생각하지 말아야 합니다.

　매사 '타인축'으로 생각하고 행동하다가는 마음속이 피폐해집니다.

◆

감정은 제대로 느끼고
제대로 받아들이면
'해방'되는 성질이 있습니다.
감정은 마비시키거나 억압하는 게 아니라
해방시켜야 합니다.

현명하게 도망치기 위한
무기, '자기축'

◆◆◆

잘 도망치는 사람은 '자기축'으로 살아갑니다.

다양한 상황에서 '나는 어떻게 생각하는지', '나는 무엇을 하고 싶은지'를 축으로 판단을 내립니다.

이를 자기중심적이라고 말하는 사람도 있으나 그런 반응까지 괜히 신경 쓸 필요 없습니다. 무시하세요.

자기축을 되찾는 비법은 '나'라는 주어를 명확히 하는 것입니다.

'나는 회사에 갈 것이다.'
'나는 오늘 이 업무를 끝낼 것이다.'

‘나는 오늘은 조금 일찍 업무를 마치고 느긋하게 식사를 즐길 것이다.’

자기축을 명확히 하면 지금껏 남의 기대에만 맞춰 살아온 사람은 자신의 기분이 분명해질 겁니다.

지금까지 항상 누군가의 기대에 ‘Yes’라고 답해왔지만, 실은 ‘No’였다는 사실을 깨닫게 됩니다.

그리고 의외로 주위에서 여러분의 ‘No’를 존중해 준다는 사실도 알게 될 것입니다.

만약 자기축을 잘 모르겠다면 "난 어떻게 하고 싶은 걸까?" 하고 소리 내어 자신에게 질문해 보는 것도 좋은 방법입니다.

괜한 오기와 자존심을 버려보세요.

‘난 대단해’, ‘난 뭐든 잘해’라며 자기 능력을 증명하려고 애쓰는 사람일수록 자신감은 부족하고 경쟁심이나 허영심, 인정욕구는 넘치는 경우가 많습니다.

자립심은 강하나 자신의 감정보다 이성이 앞서는 셈입니다.

이는 감정을 무시하는 것에 지나지 않습니다.

감정은 제대로 느끼고 제대로 받아들이면 '해방'되는 성질이 있습니다.

감정은 마비시키거나 억압하는 게 아니라 해방시켜야 합니다.

우리는 과거와는 비교도 안 될 정도 많은 양의 정보 속에서 살아가고 있습니다. 나도 모르게 언론의 의견이나 인플루언서들의 발언에 동조하여 '내 생각'을 잃어버리기도 합니다.

즉 자기축이 없는 사람일수록 외부로부터 조종당하기 쉽습니다.

자기축은 '자기 본위'를 뜻합니다. 자기 본위는 자기 중심적인 것과는 약간 다릅니다.

자기중심은 다른 사람의 존재는 무시하고 매사 자기 위주로만 생각하는 것입니다.

자기 본위는 남의 존재를 존중하며 '나는 어떻게 생각하는지', '나는 무엇을 하고 싶은지'를 스스로에게 묻는 자세입니다.

도망치지 못하는 사람은 자기 자신을 잃고 다른 사람

에게 휘둘리는 상태에 있습니다. 심한 경우 쉽게 말해 세뇌당하고 있는 것이지요.

다른 사람을 잘 현혹하는 사람은 남을 통제하는 능력이 탁월하기 때문에 사회 경험이 부족한 사람일수록 이런 사람에게 휩쓸리기 쉽습니다.

도망치려면 상대와 정면에서 맞서 싸워야 합니다. 상대의 공격을 요리조리 피해 가면서 도망쳐야 합니다.

"이제 더 이상 애쓰지 않을 거야!" 하고 외쳐보세요.
"난 하나도 괜찮지 않아!" 하고 외쳐보세요.

다음 항목부터는 도망치는 방법을 소개합니다.

그 자리에 머무르며 도망치는 유형과 그 상황으로부터 거리를 두고 도망치는 유형이 있습니다.

먼저 그 자리에 머무르며 도망치는 방법을 설명하겠습니다.

◆

글쓰기는 괴로움과 공포에서
벗어나게 하는 치료요법입니다.
괴로운 심정이나 불만, 나약한 마음을
내면에 담아두지 말고
글쓰기를 통해 바깥으로 분출해 보세요

그 자리에 머무르며 도망치는 방법①
글쓰기

◆◆◆

나쓰메 소세키는 답답하고 우울한 마음을 글로 쓰며 자신을 구했습니다.

심리학에서는 이런 행위를 '승화(昇華, Sublimation)'라고 합니다.

끔찍한 상사를 향한 분노를 노래나 그림으로 표현하는 행위입니다. 소세키가 승화시킨 작품을 읽으며 우리 또한 배웠습니다.

글쓰기는 자신을 괴로움과 공포에서 벗어나게 하는 (구원하는) 치료요법입니다.

괴로운 심정이나 불만, 나약한 마음은 나의 내면에 담

아두지 말고 글쓰기를 통해 바깥으로 분출해야 합니다.

'분출'은 호흡과 마찬가지입니다.

몸 안의 숨을 분출하면 신선한 산소가 바로 들어옵니다.

호흡에 관하여 조금 더 설명하겠습니다.

숨을 들이쉴 때는 '교감신경'이 활성화됩니다.

교감신경은 전투 모드일 때 활성화되는 신경으로 가속 페달 역할을 합니다.

우리는 긴급 시에, '헉' 하고 깜짝 놀랄 때 숨을 들이쉽니다. 혈압이 상승하고 몸은 활동적인 전투 모드로 들어갑니다.

그러면 반대로 숨을 내쉴 때는 어떨까요?

숨을 내쉬면 '부교감신경'이 활성화되면서 편안해집니다.

팽팽하던 실이 한순간에 느슨해지는 느낌으로 브레이크 역할을 합니다.

긴장이 풀리고 편안한 상태가 되면 인간은 강해집니다. 갑자기 욱하지 않습니다.

마음이 편안할 때 우리는 '휴' 하며 숨을 내쉬고 가슴을 쓸어내립니다.

그리고 부교감신경은 심신이 안정된 상태에서 몸의 피로 회복을 돕습니다. 수면 중이나 식사 중, 식후, 입욕 시 등 심신이 안정되었을 때 부교감신경이 활성화됩니다.

또 호흡은 가스 교환 역할도 합니다.

들이쉰 숨을 다 뱉어내지 않으면 산소가 남기에 새로운 산소를 받아들일 공간이 부족합니다. 따라서 밖으로 다 뱉어내야 합니다.

이처럼 우리 몸은 숨을 쉬면 안정되는 구조로 되어 있습니다.

글쓰기는 이 가스 교환과 같습니다. 답답함을 밖으로 분출시키는 행위라고 할 수 있습니다.

글을 쓰면 새로운 발상이나 아이디어가 들어올 공간이 마련됩니다. 이로써 발상을 전환하거나 기분을 전환하여 다른 관점에서 바라볼 수 있는 여유가 생깁니다.

글쓰기는 '지금, 여기'에 마음을 내려놓고 오롯이 집

중하는 행위로 다음과 같은 작용이 있습니다.

답답한 마음에서 거리를 둘 수 있다

거리를 두는 것은 도망치는 것과 같습니다.

글로 씀으로써 형태가 없던 '답답함'이 눈에 보이게 됩니다. 자신이 쓴 문장을 다른 사람의 시각에서 읽으면 눈앞의 일을 객관적이고 냉정하게 바라볼 수 있게 됩니다.

'어쩌지……', '뭐부터 처리해야 하나' 같은 불안하고 초조한 마음을 글쓰기를 통해 줄여갈 수 있습니다.

깨달음을 얻어 새로운 선택지가 생긴다

도망치지 못하는 사람은 다른 사람이 나를 어떻게 바라보고 어떻게 생각하는지, 즉 타인축을 중심으로 생각합니다. 글쓰기는 다른 사람은 전혀 신경 쓰지 않고 오로지 자기축으로 사유하는 시간을 얻는 행위입니다.

글쓰기를 통해 원래의 나를 되찾을 수 있습니다. 있는 그대로의 내 모습이 나타납니다.

게슈탈트 심리요법(Gestalt therapy)에서는 부정적인 마음이 생겨났을 때 내 기분을 분명히 인지하고 언어로 나타내면 부정적인 마음이 사그라드는 데 효과가 있다고 주장합니다. 머리로만 이해하는 게 아니라 글을 쓰면서 '아, 그랬구나'라고 심리적, 신체적으로 수긍하는 체험을 하게 됩니다.

그리고 승화는 '치환'이라고도 합니다.

부모님과 싸우고 난 뒤 분을 참지 못해 물건을 집어던지거나 괜히 다른 사람에게 화풀이할 때가 있습니다.

자신의 괴로운 감정을 직접적인 원인인 스트레스원으로 돌리는 게 아니라(생명이 위태로워질 수도 있음) 다른 대상으로 치환하여 발산하는 셈입니다.

음주나 도박 같은 음(陰)의 대상이 아닌, 청소나 노래 같은 양(陽)의 대상으로 치환하면 자기혐오에 빠질 일도 없습니다. '양(陽)'은 즉 '행복'입니다.

일상에서 '음(陰)'보다는 조촐하더라도 '행복'을 찾아낼 줄 아는 사람이 되길 바랍니다.

◆

이 세상에는 수많은 관점과 가능성이 존재하고
다른 선택지도 있다는 점을 생각하며
비관적이고 비현실적인 사고방식을 수정해 봅시다.

그 자리에 머무르며 도망치는 방법②
인지치료

◆◆◆

효과적인 '도망치는 방법'으로 인지치료가 있습니다.

80쪽에서 마음의 시야협착 '터널 비전'을 설명했는데요, 장기간 스트레스를 받으면 인지능력이 점점 떨어져 갑니다.

이럴 때 정서적으로 도망칠 수 있는 또 다른 방법이 '인지치료'입니다.

쉽게 말하면 '잘 둘러보세요. 당신이 터널이라고 생각하는 그 어둠은 사실 이렇게나 확 트이고 밝은 곳이랍니다'라고 깨닫게 해주는 치료입니다.

시야가 협착되면 '난 뭘 해도 안 돼'라며 자기부정에 빠지고, 모두가 나를 '뭐 하나 제대로 할 줄 모르는 무쓸모 인간'이라 생각하며 왜곡된 사고를 하게 됩니다. 이렇게 머릿속이 부정적이고 비관적인 생각으로 가득해집니다.

그런데 이렇게 생각하는 건 습관입니다.

습관이기 때문에 고칠 수 있습니다.

위 상황에 대해 인지치료에서는 다음과 같은 식으로 치료를 진행합니다.

"다 못하는 건 아니지요? 잘하는 것도 있지요?"

"주위에 당신을 무쓸모 인간이라고 비하하는 사람만 있는 건 아니지요?"

"앞으로 슬프고 힘든 일만 일어나는 게 아니라 가끔은 즐겁고 기쁜 일도 일어날 거예요."

이런 식으로 부정적이고 왜곡된 사고를 하는 습관을 고치면 증상이 개선됩니다. 이 또한 도망치는 방법입니다.

처음에는 어떤 말씀을 드려도 "그럴 리 없어요. 어차피 전 쓸모없는 인간이에요"라고 부정합니다.

심리치료는 환자와 상담사가 함께 진행합니다. 그리

고 관점과 인지 방법이 올바른지 검증합니다.

　이 세상에는 수많은 관점과 가능성이 존재하고 다른 선택지도 있다는 점을 함께 생각하며 비관적이고 비현실적인 사고방식을 수정해 나갑니다.

◆

내 과제에 누군가 발을 들이밀려 한다면
바로 도망치세요.
거리를 둬야 합니다.

그 자리에 머무르며 도망치는 방법③
과제의 분리

◆◆◆

헝가리 속담 중에 '도망치는 건 부끄럽지만 살아남는 게 중요하다'라는 말이 있습니다. 살아남은 사람이 승자인 셈입니다.

호르몬이나 신경전달물질의 균형이 깨지며 우울장애를 일으키는 내인성 우울증이 있고, 스트레스가 원인이 되어 발병하는 심인성 우울증이 있습니다. 심인성 우울증 환자가 공통으로 하는 이야기가 바로 '도망치고 싶은데 도망칠 수가 없다' 입니다.

하지만 절대 그렇지 않습니다.

스트레스원에는 여러 가지 요소가 있는데(75쪽 참조) 시야협착 상태에서 벗어나면 다양한 선택지가 보이기 시작합니다.

일 못하는 상사가 스트레스원이라고 가정합시다. 고치라고 지적하거나 말다툼하고 싶어도 현실적으로 어렵습니다. 지적한다고 고쳐지지도 않을 테고 말싸움을 걸었다간 틀림없이 반격당할 것입니다.

아들러 심리학에는 '과제의 분리'라는 이론이 있습니다.

상사가 일을 못하는 건 내 과제가 아닙니다. 분명한 '상사의 과제'로 분리합니다.

일 못하는 상사에게 잔소리 듣기 전에 나에게 다가오지 못하도록 도망치세요.

상대는 절대 바뀌지 않습니다. 따라서 어떻게든 회사 생활을 같이하려면 먼저 도망쳐야 합니다. 여기서 말하는 '도망'은 상대에게 의존하지 않고 남 탓도 하지 않으며 나를 책망하지도 않는, 상호 존엄 관계를 구축하는 것을 뜻합니다.

아들러는 '모든 대인관계의 마찰은 다른 사람의 과제에 발을 들이밀거나 내 과제에 다른 사람이 발을 들이미는 것에서 비롯된다'라고 말했습니다.

내 과제에 누군가 발을 들이밀려 한다면 바로 도망치세요. 거리를 둬야 합니다.

싫은 상사(부모, 친구 등) 때문에 골치 아프다는 허위의 고민은 과제를 분리하면 바로 깨달을 것입니다. 고민의 본질은 나와는 전혀 상관없는 일이라는 사실을요.

상대의 과제는 내가 통제할 수 있는 것이 아닙니다.

◆

실수를 지적당하면 수정하면 되는 일입니다.
결과에 연연하기보다 '일단 해보는 것'이
이 사회에서 살아남을 수 있는 비결입니다.

그 자리에 머무르며 도망치는 방법④
완벽주의 버리기

◆ ◆ ◆

완벽주의자들은 '일단 한번 해보자'라는 실험에 나서기가 어렵습니다.

실험이란 일단 해보고 어떤지 확인하기 위한 과정으로 대부분 실패합니다.

완벽주의자들은 완벽하게 해내지 못하고 실패하는 것을 두려워합니다(준비가 완벽해도 실패하는 법입니다).

메타(구 페이스북) 창업자로 잘 알려진 마크 저커버그 (Mark Zuckerberg, 1984~)는 "완벽을 추구하는 것보다 실행해 보는 것이 낫다(Done is better than perfect)"라고 말했습니다.

완벽주의자들은 책임감이 강해 끝까지 포기하지 않는 장점이 있는 반면에, 본인에게도 남에게도 엄격하여 좋은 부분보다는 안 좋은 부분에 먼저 눈길이 가서 자기부정에 빠지기 쉽습니다.

또 매사 비판적이고 유연함이 부족하며 뭐든 철저하게 파고들기 때문에 일단 시간이 걸립니다. 기분 전환을 하는 것도 어려워합니다.

완벽주의자 여러분. 혹시 목표를 너무 높게 설정하진 않았나요?

늘 다른 사람의 평가를 신경 쓰고 있진 않나요?

이런 상황에서 도망치려면 다음 3가지 방법에 주목하세요.

가점 방식으로 바꾸기

완벽주의자들은 자신이 이상으로 생각하는 100점 만점을 늘 시작점으로 놓습니다. 안 된 점을 발견하면 점수를 깎고는 "아……, 이것도 못 했네" 하며 침울해합니다. 자신의 완벽하지 못한 부분을 받아들이는 것도 도망치는 기술입니다.

잘했을 때 점수를 주는 가점 방식으로 바꿔봅시다.

그러면 부정적 사고에서 벗어나 자기긍정감이 높아지고 자신의 성장도 느낄 수 있게 됩니다.

일어날 일은 일어난다

아무리 노력해도 일어날 일은 일어납니다.

오직 신만이 아는 일이 많습니다.

모든 일을 내가 다 통제할 수는 없음을 받아들이세요.

완벽주의자들은 한 번이라도 자신이 생각한 대로 되지 않으면 그 일 자체를 계속할 마음이 사라집니다. '완벽하지 않다면 실패'라는 극단적인 사고방식(All or nothing)의 경향을 보입니다.

'내 방식 말고는 수긍할 수 없어', '방법을 바꾸면 어렵게 준비한 게 허사로 돌아가잖아', '그렇게 하면 무조건 실패할 거야', '실패할 거면 뭐 하러 해'라고 하면서 악순환에 빠집니다.

'어떻게든 될 거야.'

'운명은 어쩔 수 없지.'

'뭐 어때.'

이렇게 마음먹어 보는 건 어떨까요?

자기평가 기준이 엄격하면 현재를 부정하고 자신에게 비판적이며 더 높은 이상을 추구하려 합니다. 95점을 받아도 100점을 받아도 이 정도는 남들도 다 받으니 우쭐거리면 안 된다며 자기를 부정하고 이상을 좇습니다. 그러다가 번아웃이 옵니다.

결과에 연연하지 않기

살다 보면 정말로 열심히 노력해도 생각만큼 결과가 잘 나오지 않는 일이 수도 없이 많습니다.

그런데 완벽주의자들은 모든 게 완벽해야만 합니다. 그래서 모두 똑같이 중요하다고 여겨 우선순위를 매기는 것을 힘들어합니다.

결과가 좋지 못해도 자신을 원망하지 맙시다.

그러지 않으면 이미 일어난 실패에서 벗어나지 못합니다.

좋은 결과를 내지 못하면 그 일에 의미가 없다는 무력감에 휩싸이게 됩니다.

이걸 보면서 나의 이야기라고 여기는 부분이 있으리라 생각합니다.

중국 고대 병법가였던 손자(孫子)는 '병문졸속(兵聞拙速), 미도교지구야(未睹巧之久也)'라는 말을 남겼습니다.

전쟁에서는 다소 어설프더라도 속전속결로 끝내야 한다는 뜻입니다. 전쟁이 오래 지속되면 막대한 비용과 시간이 들고 그만큼 나라가 약해지기 때문입니다. 완벽한 승리는 아니더라도 빨리 끝내야 함을 강조한 말입니다.

'정교함을 위해 오래 끌기(본래의 목적을 잊고 이것저것 생각하다 시간을 낭비함)'보다는, '서툴러도 빨리 끝내기(본래의 목적 외에는 시간을 할애하지 않고 재빨리 행동함)'가 낫다.

상사가 무언가 요청했다면 완벽하지 않더라도 마감 전에 제출하도록 합시다.

실수를 지적당하면 죄송하다 하고 수정하면 되는 일입니다.

결과에 연연하기보다 '일단 해보는 것'이 이 사회에서 살아남을 수 있는 비결입니다.

◆

용기를 내어
도망치는 시간을 가졌다면,
자신을 사랑하고
소중히 여기는 시간으로 만들어 보세요.

그 자리에 머무르며 도망치는 방법⑤
싸우지 않기

◆ ◆ ◆

싫은 상사나 동료가 있다면 싸우지 말고 저주는 척하는 것도 도망치는 데 중요한 전략입니다.

양보한 셈 치고 싸우지 않기. 도망치는 사람이 승자. 경쟁하지 않기.

싸워 이기면 상대를 정복한 기분이 들겠지만 결국 복수가 기다리고 있어 또 다른 싸움으로 번집니다.

그러니 현명하게 피합시다.

말도 안 되는 일로 혼내고, 듣기 싫은 소리를 늘어놓고, 허세 부리고, 내가 한 일도 아닌데 나한테 불만을 쏟아낸다면, 그 사람 보라는 듯 의기양양한 얼굴로 심호흡한 번 하면서 분노를 삭이세요. 감정적으로 행동하거나 싸우지 말고, 내가 옳다 주장하지도 말고 한발 뒤로 물러나는(도망치는) 겁니다.

지는 것이 아닙니다.

후퇴는 비즈니스 세계에서 매우 중요한 전략 중 하나입니다.

2024년 2월 9일, 일본 대형마트 이토요카도는 홋카이도, 도호쿠, 신에쓰 지역에서 사업을 철수한다고 발표했습니다.

3년 연속 적자를 기록하며 실적 부진이 이어지자, 매장 수 대폭 감축을 포함한 구조개혁에 나선 것입니다. 살아남기 위한 전략적 후퇴였습니다.

◆

지친 마음을 위로받고 싶을 때는
내 편을 찾아서 기대면 됩니다.
다른 누군가가 없다면
스스로 내 자신의 편이 되어 주면 됩니다.

그 자리에 머무르며 도망치는 방법⑥
내 편 20퍼센트에 집중하기

◆ ◆ ◆

여러분을 공격적으로 대하는 사람이 있다고 가정합시다(20퍼센트).

중립 입장인 사람도 있습니다(60퍼센트).

그리고 여러분의 편을 들어주는 사람도 있습니다(20퍼센트).

2·6·2는 인간관계의 기본 법칙입니다.

터널 비전 상태일 때는 나를 공격하는 20퍼센트만 눈에 들어옵니다. 그래서 힘듭니다. 나는 몹쓸 인간이라며 자기부정을 일삼게 됩니다.

그런데 사실 대다수가 '중립 입장'에 있습니다. 상황을 보며 옮겨 다니는 사람들입니다.

그저 딱 한 명만 나를 싫어하는 건데 모두에게 미움받는다고 착각하고 있진 않나요?

일주일 중 고작 하루 실수한 건데 '난 실수투성이'라며 자신을 비하하진 않나요?

여러분의 편, 20퍼센트는 분명히 존재합니다.

여러분을 진심으로 응원해주는 20퍼센트의 사람들에게 집중하세요.

마음이 저절로 따뜻해집니다.

힘들 때는 내 편을 들어주는 20퍼센트의 사람들을 떠올리세요.

◆

자기 책임을 확대해석하지 마세요.

내게 발생하는 책임은

내가 맡은 역할뿐입니다.

그 자리에 머무르며 도망치는 방법 ⑦
물든 척하기

◆◆◆

우리 인간은 각각 몇 개씩 가면(페르소나)을 가지고 있습니다.

배우는 자신이 맡은 '배역의 가면'을 쓴 채 무대에 등장합니다.

페르소나란 개인이 이 사회에 보여주는 '가면', '역할'을 말합니다. 다른 사람이 봤을 때 가장 좋아 보이는 내 모습으로, 사회적 기대나 문화적 규범에 적합한 상태입니다.

직장이나 사회에 내 진짜 모습을 보여줄 필요는 없습니다.

소속되어 있는 각 조직(직장이나 친구 모임, 가족)이 내세우는 가치관에 따라 상황에 맞게 바꿔가며 연기하면 됩니다.

그러다가 혼자가 되었을 때 내 본모습으로 돌아옵니다.

이것도 효과적인 도망치는 기술입니다.

그 상황에 맞게 가면을 적절히 나눠 쓰고 티 나지 않게 물든 '척'하고 지내는 것입니다.

또는 '출세를 포기'하는 방법으로 도망치는 사람도 늘고 있습니다.

관리직이 못 되어도 노조가 보호해주고, 야근한 시간만큼 야근수당도 받을 수 있는 세상이 되었기에 출세를 하지 못해도 괜찮다고 생각합니다.

◆

힘든 상황에 몰리기 전에
멈추고 도망치는 것은
더 좋은 방법을 찾기 위한
자연스러운 선택입니다.

거리를 두고 도망치는 방법①
생각 그만하기

◆◆◆

괴로운 일에서 시선을 돌리면 안 된다고들 하는데 시선을 돌리는 것은 도망치는 것처럼 중요한 전술입니다.

힘든 일이 있을 때는 아무리 생각해도 해결되지 않을 뿐더러 생각하면 생각할수록 부정적인 쪽으로 향합니다.

이럴 때는 대체로 '자신이 통제할 수 없는 일'을 생각하기 마련입니다. 여러 가지 가능성을 생각하는 건 자유지만 스스로 통제 불가능한 일을 계속 생각하다 보면 스스로 통제할 수 있는 일까지 소홀해지기도 합니다.

그러면 생각을 그만하면 될 텐데 성실한 사람은 그것조차 불가능합니다.

생각을 그만하기 위한 몇 가지 방법을 소개합니다.

그 상황에서 벗어나기

화장실에 가거나 집으로 돌아가도 되고 뭐든 괜찮으니 일단 그 싫은 상황에서 거리를 둡시다.

사내 휴게실에서 한숨 돌리기. 편의점에서 음료 사기. 밖에 나가 한 바퀴 돌고 오기 등 이런 일들이 소소하지만 기분 전환에 도움이 됩니다.

도망칠 길 여러 개 만들어 놓기

'퇴로를 끊다'라는 말이 있습니다. 따라서 도망칠 길은 여러 개 만들어 놓아야 합니다.

어떤 종류의 길이라도 상관없습니다.

피곤하다 느껴지면 핸드드립으로 커피를 내려도 좋고 노래를 불러도 좋습니다. 서예나 꽃꽂이, 등산, 요가도 좋고요. 괴로움에서 벗어날 수만 있다면 뭐든 괜찮습니다.

뇌는 2가지 일을 동시에 소화하기가 어렵습니다. 웃으면서 화낼 수 없고, 멀티 태스킹이 가능한 사람도 결국 집중은 한 가지에만 할 수 있습니다.

즉 부정적인 생각을 그만하려면 다른 일을 해야만 한다는 뜻입니다.

멍하니 있기

인간의 뇌는 집중해서 일할 때보다 '능동적으로 활동하지 않을 때' 더욱 번뜩입니다. '샤워 중에 아이디어가 번뜩였다'라는 말을 종종 들어보셨을 겁니다.

우리는 '수동적으로 있지 말고 적극적으로 참여해', '내 일이라고 생각해'라는 식으로 배우며 살아왔습니다.

그러나 뇌과학 관점에서 보면 '인지적 노력이 필요하지 않은 멍한 상태의 뇌'일 때 디폴트 모드 네트워크(default mode network, 멍한 상태이거나 몽상에 빠졌을 때 활발해지는 뇌의 영역)는 더욱 활성화됩니다.

뇌가 멍하니 있을 때 DMN의 움직임이 활발해지면서, 기억정보를 처리하는 해마 속에 퍼져 있는 기억을 취사선택하여 붙이거나 분석해 가며 정리합니다.

산책이나 청소, 요리, 음악감상 또는 화장실에 갈 때도 DMN이 활성화됩니다.

생각이 많은 사람은 수긍될 때까지, 직성이 풀릴 때까지 생각한 뒤 일어날 가능성이 있는 몇 가지만 시뮬레이션해 보고, 그러고 나면 멍하니 있어 봅시다. 그러면 전혀 생각지도 못한 곳에서 답이 떠오를지도 모릅니다.

◆

나약한 모습을 보여서는 안 된다거나
물러설 수 없다는 생각으로 살면,
공포를 느끼는 감정이 점차 둔해집니다.
그러면 위험이 와도
그 정도를 판단할 수 있는 힘을 잃어버려요.

거리를 두고 도망치는 방법②
휴직하기

♦ ♦ ♦

'휴직'도 도망치는 방법이 될 수 있습니다.

일반적으로 '적응장애'(41쪽~)로 진단받으면 휴직할 수 있습니다. 스트레스원에서 벗어나면 증상이 회복될 것이라는 기대가 있기 때문입니다.

휴직이란 개인 사정에 따라 일정 기간 회사를 쉬는 행위입니다. 휴직 사유는 질병부터 부상, 집안 사정 등 다양합니다. 적응장애도 정당한 휴직 사유로 인정받고 있습니다.

휴직하려면 의사의 진단서나 신청서를 내야 합니다. 또 직장에 어떤 증상인지도 알려야 합니다.

휴직 중 급여나 보험 처리는 각사 규정 및 근로계약에 따라 달라집니다.

일에 대한 동기부여가 떨어져 업무에 지장이 있는 사람, 사내 인간관계에 지쳐 출근하기 괴로운 사람, 몸 상태가 계속 좋지 않아 일상생활에 영향이 있는 사람, 자신의 상태를 객관적으로 판단하지 못하는 사람, 자해나 자살이 자꾸 떠오르는 사람. 이런 사람은 당장 병원으로 가서 상담받고, 바로 도망치세요.

증상에 따라 회사 담당자와 직접 면담하기 어려운 사람도 있을 겁니다. 그럴 때는 이메일로 사정을 설명하고 휴직을 신청하면 됩니다.

또 요즘은 다양한 '대행 서비스'가 잘 마련되어 있습니다. 기왕 도망치는 거 대행 서비스를 통해 퇴사 신청을 하는 것도 하나의 방법입니다.

◆

거절할 일에 대해
당당하게 거절하는 것도
업무의 기술이며 지혜입니다.

거리를 두고 도망치는 방법③
산재보험 신청하기

◆◆◆

고용노동부 산하에는 지자체별로 상담 창구 역할을 하는 '지방노동청'이 있습니다. 근로시간 및 임금, 해고 등 근로 조건 관련 사항이나 직장 내 안전 및 위생 관련 사항, 산재보험 관련 사항은 지방노동청에서 상담받을 수 있습니다.

〈산재보험 상담 내용 예시〉

· 업무 중 다쳤다.
· 산재보험을 청구하는 방법을 알고 싶다.

· 산재로 일을 쉬면 급여를 보상받을 수 있는가.

· 파트타임이나 아르바이트도 산재 대상인가.

· '우울증'이나 '과로사'는 어떤 때 산재로 인정되는가.

도망치기로 결심했다면 포기하지 말고 상담부터 받아보세요.

보통 평일 아침 9시부터 저녁 6시까지 운영하며 주말과 공휴일은 휴무입니다.

이곳에서 해결되지 않으면 변호사에게 상담합니다. 또 '대한법률구조공단'과 같은 공공기관도 있습니다. 본인이 부당한 조건으로 근무하고 있지는 않은지 거리를 두고 살펴보세요. 대책이 필요하다면 이때 마련합시다.

제4장

도망치지 못하는
사람을 돕는 방법

10명 중 4명이
우울감에 시달리다

◆◆◆

우리는 막다른 골목으로 내몰리거나 도피처를 잃으면 내 몸을 지킨다는 명목으로 다른 사람이나 나 자신을 공격합니다.

나도 모르는 사이에 판단력이 흐려지고 하루하루 정신은 더 피폐해져 갑니다.

스트레스원을 접하고 3개월 정도 지난 시점에 증상이 나타나는 경우가 많다고 합니다.

주위에서 아무리 '애쓰지 마', '어디로든 도망쳐'라고 이야기해도 본인에게는 들리지 않습니다.

자신이 우울 상태임을 깨달아도 직장이나 가족에게

걱정을 끼칠 수 없다며 아무에게도 털어놓지 못하고 혼자서만 끙끙 앓는 사람도 있습니다.

본인이 얼마나 열심히 살고 있는지도 모른 채 '더 분발하자'라는 생각뿐입니다.

일본에서는 15명 중 1명이 평생 한 번은 우울증에 걸린다고 합니다. 여성만 보면 4명 중 1명이 걸린다는 보고도 있습니다(최근 OECD가 발표한 'COVID-19 위기의 정신건강 영향 해결' 연구 보고에 따르면 한국의 우울증 유병률은 36.8퍼센트로 회원국 중 가장 높았습니다. 한국인 10명 중 4명이 우울증이나 우울감에 시달리고 있는 셈입니다).

우울증은 누구나 걸릴 수 있습니다.

조기에 발견하면 치료도 원활하게 이루어집니다.

우울증의 징조를 자각하기란 쉬운 일이 아닙니다. 따라서 주변에 있는 가족이나 동료, 친구가 먼저 알아차리는 것이 중요합니다.

요즘은 병에 걸려도 조기 발견, 조기 치료를 통해 많이 완치되듯, 마음의 병도 조기에 발견하여 바로 치료받으면 나을 수 있습니다.

조기에 대처하면 치료도 잘 되고 회복도 빠릅니다.

걱정되는 증상이 보인다면 시간을 충분히 들여 이야기를 들어주세요.

◆

누군가에게 100퍼센트 맞추는 일이나
누군가 나에게 100퍼센트 맞춰주는 일은
일어날 수 없는 꿈과 같은 일입니다.

우울증의 징조
놓치지 않기

◆ ◆ ◆

'평상시'의 모습과 조금 다르다면 바로 살펴봐야 합니다.

다음과 같은 징조가 열흘에서 2주 이상 지속되면 주의가 필요합니다.

신체적 변화

<수면 변화>

☐ 아침 일찍 눈이 떠진다

☐ 한밤중에 몇 번씩 잠이 깨고 다시 잠들기 어렵다

☐ 푹 못 잔다

<식욕, 체중, 컨디션 변화>

☐ 식욕이 없다

☐ 먹어도 맛있지 않다

☐ 식욕이 갑자기 늘었다

☐ 체중이 줄거나 늘었다

☐ 피로가 안 풀린다. 피로감이 가시질 않는다

☐ 아침부터 피곤하다

☐ 머리가 무겁다

☐ 어깨와 목이 무겁다

☐ 설사나 변비가 계속된다

심적 변화

<우울감>

☐ 기분이 가라앉아 있다

☐ 매사 비관적인 생각이 든다

☐ 우울하다

☐ 무엇에도 흥미가 일지 않는다

☐ 만사 귀찮다

☐ 계속 짜증이 난다

☐ 불안하다

☐ 초조하다

행동 변화

☐ 회사에 지각하는 날이 늘었다

☐ 결근이 늘었다

☐ 회사에 가고 싶지 않다

☐ 말수가 줄었다

☐ '난 쓸모없는 인간' 같은 부정적인 발언이 늘었다

☐ 신문이나 TV를 보고 싶지 않다

☐ 다른 사람과의 접촉이 꺼려진다

☐ 즐기던 취미생활에 흥미가 일지 않는다

◆

애써서 노력하고 배려해도
관계가 나아지지 않는다면
차라리 도망치는 편이 낫습니다.

주변에서
할 수 있는 일

◆◆◆

병 이해하기

가족들이 책임을 느끼고 자책하면 본인이 가장 괴롭습니다. 우울 상태에서는 어떤 증상이 나타나는지 먼저 알아둡시다.

원인이나 원흉 찾지 않기

'왜 병에 걸렸는지', '우리에게 무슨 문제라도 있는지' 이렇게 원인을 찾으려 해도 다양한 요인이 섞여 있어 특정할 수 없습니다.

따라서 원인보다는 '지금 할 수 있는 일'을 찾아서 가능한 것부터 시작합시다.

응원하지 않기

너무 애쓴 나머지 마음의 병에 걸린 것입니다. 여기서 더 응원하면 아래와 같이 느끼고 증상은 더 나빠질 뿐입니다.

'더 이상 못 해.'

'이렇게 걱정이나 끼치고. 미안해 죽겠어.'

'아무것도 하지 못하는 내가 한심해.'

괜히 특별한 일 하지 않기

주변에서는 아무렇지 않게 '맛있는 거 먹으러 가자'라든가 '기분 전환하게 한잔하러 가자'라고 말을 꺼냅니다.

그러나 본인은 마음속 에너지를 다 소진한 상태여서 예전처럼 즐기지도 못하고 오히려 피곤함만 더해집니다. 그러다 증상이 악화되기도 합니다.

또 주변 사람들의 배려에 부응하지 못하는 자신에게 혐오감을 느끼고 자살 충동을 일으킬 우려가 있습니다.

큰 결단은 뒤로 미루기

'모두에게 민폐만 끼치고 있어'라는 강한 자책감에 다음과 같은 말을 꺼낼 수 있습니다.

'회사 관둘 거야.'

'이혼할 거야.'

'집 나갈 거야.'

'죽고 싶어.'

마음이 아프면 심리적인 시야협착(터널 비전)이 일어나고 비관적인 생각만 떠오릅니다.

오로지 그 방법만 남은 것처럼 느껴지기 때문입니다.

그럴 때는 그 생각을 부정하지 말고 "알겠어. 지금은 일단 건강을 최우선으로 생각하자. 그 문제는 나중에 함께 다시 생각해 보자" 하고 말해줍시다.

진료 동행하기

매번 따라갈 필요는 없습니다.

그리고 환자 본인보다 더 많이 말하지 않도록 주의합시다.

환자 본인이 의사와 접점을 가지는 중요한 자리입니다.

의사의 조언을 함께 들으면 도울 때의 주의사항을 알 수 있습니다.

환자의 컨디션이 좋지 않아 통원하기 힘들 때 대신 상담받는 것도 가능합니다.

◆

지금의 자리에서 도망치지 않고 열심히 살든,
재빨리 도망치든
둘 중 어느 쪽을 선택해도
필요한 건 능력이 아닌 용기입니다.

지식으로 무장하는 것도
도망치는 방법이 될 수 있다

◆◆◆

육체적, 심리적으로 부하가 많이 걸리는 업무를 과중한 노동이라고 합니다.

과중한 노동은 뇌질환이나 심장질환, 정신질환의 요인으로 작용합니다.

특히 장시간 노동은 더 위험합니다.

일본 후생노동성(우리나라 고용노동부에 해당)은 다음과 같이 경고합니다.

> 월 기준 시간 외 노동이 45시간을 초과하면 건강이 나빠지기 시작한다.

65시간을 초과하면 질환이 생긴다.

80시간을 초과하면 과로사할 우려가 있다.

그리고 과중한 할당량과 중책 업무, 직장 내 괴롭힘과 성희롱이 강한 스트레스 요인으로 알려져 있습니다.

한국에서 직장 내 괴롭힘으로 인정받으려면 신고 행위가 아래 3가지 요건을 모두 충족해야 합니다.

직장에서의 "지위 또는 관계의 우위"를 이용할 것

"업무상 적정범위"를 넘을 것

신체적·정신적 고통을 주거나 업무환경을 악화시키는 행위일 것

일본 후생노동성 지침서에서도 '직무상 지위 또는 인간관계 등의 직장 내 우위를 이용하여 업무의 적정범위를 넘어 정신적, 신체적 고통을 주거나 직장환경을 악화

시키는 행위'라고 정의했습니다.

다음과 같은 위압적인 행위와 함께 나온 발언도 직장
내 괴롭힘에 해당하는 것으로 간주될 수 있습니다.

- · 언성을 높이는 행위
- · 상대를 노려보는 행위
- · 이야기하며 사물을 두드리는 행위
- · 업무 마감 시간 직전에 늦은 시각까지 야근해도 끝내지
  못할 양의 업무를 부과하는 행위
- · 아직 업무에 익숙하지 못한 신입사원에게 베테랑 직원
  과 같은 내용의 업무를 부과하는 행위
- · 부하직원이 실수할 때마다 긴 반성문을 쓰게 하는 행
  위……등

이런 행위를 반복해서 당하고 있다면 당장 도망치세요.

일본 후생노동성의 '종합노동상담코너'에서는 직장

내 마찰에 관한 상담과 해결을 위한 정보 제공이 원스톱으로 이루어집니다.

예를 들어 상담 내용에는 해고 및 계약 해지, 배치전환, 급여 인하, 구인 및 채용, 따돌림 및 괴롭힘과 같은 근로 문제부터, 성적 지향 및 성 정체성 관련 근로 문제 등이 있습니다.

근로자와 사업주 모두 상담받을 수 있으며 대학생, 취업 준비생, 외국인 근로자까지 전문 상담원과 무료로 다국어 면담 또는 전화상담이 가능합니다.

우울증 같은 정신질환도 산재로 인정됩니다.

산재란 산업재해의 줄임말로 근로자(종업원, 사원, 아르바이트생 등)가 노무에 종사함으로써 얻게 된 부상, 질병, 사망 등을 말합니다.

산업재해라고 하면 보통 공장에서의 작업 중 부상이나 건설 현장의 고소(高所) 작업 중 사고가 떠오를 것입니다. 거기에 '과로사' 등 직장 내에서의 과중한 업무 부하로 인한 뇌질환 및 심장질환, '격무로 인한 자살'과 성희롱, 괴롭힘과 같은 심리적 부하로 인한 정신장애도 산재로 인정받기도 합니다.

산재인데도 사업주가 이를 인정하지 않고 신청을 거부하는 이유는 지방노동청에서 산재 사고 관련 조사에 나설 수 있기 때문입니다. 회사에서 산재가 발생하면 행정지도 및 행정처분을 받을 가능성이 있습니다.

종장

있는 그대로
받아들이기

◆◆◆

지금 내가 있는 자리에서 도망치지 않고 열심히 살든, 재빨리 도망치든 둘 중 어느 쪽을 선택해도 필요한 건 능력이 아닌 용기입니다.

반드시 이래야 한다는 왜곡된 사고는 그저 고정관념에 불과한 경우가 대부분입니다.
그런 고정관념에서 벗어나 자유로워지고 싶지 않나요?

저는 도쿄대학 의학부를 졸업하고 들어간 병원에서 오랫동안 상근의로 근무했습니다. 그리고 그 병원을 관둘 때 많이 불안했습니다.

그러나 이대로 평생 같은 자리에서 일하기보다는 출세가도에서 내려와 개업의가 되면 정년 상관없이 일할 수 있겠다 싶었습니다. 물론 출세도 물건너갔습니다.

무엇보다 자유롭게 의사로서 일할 수 있는 점이 좋았습니다.

어쩌면 저의 선택은 '도망'으로 보였을 수도 있습니다.

만약 개업의로 실패하면 학원 선생님이 되겠다는 생각이었습니다.

저는 일본에서 처음 시작된 심리치료인 '모리타(森田) 치료(1900년대 초기에 불안과 신경증을 치료하기 위해 일본의 철학자이자 정신과 의사인 모리타 쇼마가 창시한 치료법)'를 오랫동안 공부하고 있습니다.

모리타 치료에서는 강박성장애 및 사회불안장애, 공포장애 같은 신경증을 앓는 사람들에서 내향적이며 민감, 완벽주의, 자기내성적 등의 신경질적인 성격이 공통으로 나타난다고 여깁니다.

모리타 치료에서는 불안이란 없애야 하는 대상이 아

니라 누구나 가지고 있는 자연스러운 감정으로 받아들이고 있습니다.

불안이라는 감정은 '더 잘살고 싶다', '출세하고 싶다'와 같이 삶을 향한 강한 욕망을 드러냅니다. 강한 불안의 이면에는 삶을 향한 강한 욕망이 자리하고 있는 것입니다.

불안과 삶을 향한 욕망은 표리일체하는 관계입니다. 그 점을 인정하면서 나답게, 있는 그대로의 인생관을 관철하는 것이 모리타 치료의 방향성입니다.

모리타 치료가 추구하는 '있는 그대로'의 인생관이란, 불안을 자연스러운 감정으로 받아들이고, 그와 동시에 불안의 이면에 있는 욕구(삶을 향한 욕망)에 따라 건설적으로 행동하는 태도를 말합니다.

신경증 환자분들에게는 본인만의 편견과 실패를 두려워하는 강한 집착이 있습니다.

그것에서 벗어나려면 무엇에 집착하는지를 분명히 밝혀내고 허용하며, 삶을 향한 강한 욕망을 따라 '있는 그대로' 살아가는 태도를 목표로 삼아야 합니다.

예를 들어, 다른 사람 앞에서 긴장하는 사람은 '긴장하지 말자'라는 생각에 집착하게 됩니다. 하지만 그래도 결국 긴장하고 맙니다.

실현 불가능한 '집착'이 무엇인지 명확히 찾아내고 통제 불가능한 존재로 인정하는 것이야말로 있는 그대로 살아가는 인생관입니다.

그리고 긴장해도 괜찮으니 일단 한번 해보자는 태도로 임하는 것입니다.

여러분. '도망도 하나의 선택지'라는 점을 기억해 주시고, 있는 그대로의 자연스럽고 행복한 인생을 살아가시길 바랍니다.

그리고 여러분 주위에 '~해야 해', '~여야만 해'와 같은 편견에 사로잡혀, '나는 살아갈 가치가 없어'라며 절망의 늪에서 허우적대는 사람이 있다면 따뜻한 마음으로 보살펴 주세요.

마음이 아픈 환자의 주변 사람들이 할 수 있는 일은 그들의 아픔을 이해하되, 그것의 원인이 무엇인지 찾지 말고 격려하지 않는 것입니다.

격려를 하면 '더 이상 못 해', '이렇게 걱정이나 끼치고. 미안해 죽겠어', '아무것도 하지 못하는 내가 한심해'라고 느끼며 본인의 증상을 더 악화시킵니다.

만약 여러분이 건넨 말을 듣고 공격적으로 나온다면, 지금은 마음이 아프니 어쩔 수 없다고 생각하고 거리를 두시길 바랍니다.

그런데 그 상황이 폭력으로까지 발전한다면 그건 큰 문제입니다.

거리를 두고 도망치셔야 합니다.

마무리하며

이 책을 끝까지 읽어 주셔서 대단히 감사합니다.

읽고 나서 조금이나마 도망치는 것에 관한 생각이 바뀌었거나, 도망쳐도 괜찮다는 마음이 들었거나, '도망칠 용기'가 생겼다면 저자로서 더할 나위 없이 기쁠 것입니다.

읽은 뒤 '나와는 상관없는 이야기'라고 느끼신 분도 계실지 모릅니다(그런 분이라면 이 책을 선택하지 않았을 것 같지만요).

그래도 어떤 형태로든 살아가는 데 도움이 될지도 모릅니다.

무슨 일이 일어날지 아무도 모르는 세상이니까요.

한편으로는 '현실은 그렇게 만만하지 않다고. 그렇게 쉽게 도망칠 수 있고, 일을 내팽개칠 수 있다면 누가 고생하겠어'라고 느끼신 분도 계실지 모릅니다.

그런 분께는 도망치는 것까지 "모 아니면 도" 식으로 생각하실 필요가 없다고 말씀드리고 싶습니다.

간병을 예로 들면, 전문시설로 보낸다고 해서 간병에서 완전히 벗어나는 건 아니지만 내가 조금 편해지니까 이 또한 하나의 도망치는 방법이 됩니다.

간병인을 집으로 부르거나 낮에는 데이케어센터를 이용하기도 하고, 가끔은 며칠간 짧게 시설에 묵게 하는 형태로 짧게나마 간병에서 벗어날 수 있습니다.

그렇게 조금씩 '도망치는 경험'을 하면서 내가 꼭 없어도 괜찮겠다 싶은 타이밍을 익히면, 환자를 시설에 보내는 거부감이나 죄책감이 줄어듭니다. 비로소 그때부터 제대로 도망칠 용기를 얻게 되는 것이지요.

그래도 도저히 도망칠 용기가 생기지 않는다면 시험 삼아 아주 조금만이라도 도망쳐 보기를 마지막으로 제안하고 싶습니다.

장기 휴가를 못 내는 사람이 몸이 안 좋다는 등의 핑계를 대고 하루만이라도 쉬어 보는 식으로 말이지요.

시험 삼아 해보는 일도 용기가 필요할지 모르지만 뭐든지 일단 해보지 않으면 결과는 아무도 모릅니다. 그러니 일단 한번 해봅시다.

주위로부터 생각보다 욕을 안 먹거나 큰 문제 없이 넘어가면 더 큰 용기가 생길 것입니다.

그야말로 아들러가 주장하는 '용기 부여'가 실현되는 셈입니다.

앞서 언급했지만 무조건 살아남는 게 가장 중요하다는 사실을 명심해 주세요.

그저 살아남기 위해 도망치는 것은 아닙니다. 도망치면 새로운 세계가 열리고 미래를 바꾸는 힘이 생기기도 합니다.

현명하게 도망칠 줄 아는 사람은 스트레스도 잘 받지

않습니다.

도망이라는 선택지를 배운 것만으로 여러분의 인생은 크게 달라질 것입니다.

저의 굳은 신념입니다.

제 신념을 다른 이들에게도 공유해 주신다면 저자로서 매우 행복할 것입니다.

2024년 6월 와다 히데키

도망칠 용기

나를 지키는 현명한 선택

초판 1쇄 발행 2025년 5월 23일

지은이 와다 히데키
옮긴이 심지애
펴낸이 신영병
마케팅 장유정
편 집 정윤아
표지/본문 디자인 이응
일러스트 sari

펴낸곳 한가한오후
출판등록 2024년 5월 23일 제2024-000129호
주 소 서울특별시 영등포구 경인로 706, 6층 601호(문래동1가, 한양빌딩)
문 의 boneseyou@naver.com
인스타그램 @hangahanpm

정가 16,800원
ISBN 979-11-990406-2-5 03320